Général Antoine-Henri Jomini

Souvenirs de la campagne de Russie (1812)

Général Antoine-Henri Jomini

Souvenirs de la campagne de Russie (1812)

Texte établi, présenté et annoté par Alain Chardonnens

Presses Académiques Francophones

Mentions légales / Imprint (applicable pour l'Allemagne seulement / only for Germany)
Information bibliographique publiée par la Deutsche Nationalbibliothek: La Deutsche Nationalbibliothek inscrit cette publication à la Deutsche Nationalbibliografie; des données bibliographiques détaillées sont disponibles sur internet à l'adresse http://dnb.d-nb.de.
Toutes marques et noms de produits mentionnés dans ce livre demeurent sous la protection des marques, des marques déposées et des brevets, et sont des marques ou des marques déposées de leurs détenteurs respectifs. L'utilisation des marques, noms de produits, noms communs, noms commerciaux, descriptions de produits, etc, même sans qu'ils soient mentionnés de façon particulière dans ce livre ne signifie en aucune façon que ces noms peuvent être utilisés sans restriction à l'égard de la législation pour la protection des marques et des marques déposées et pourraient donc être utilisés par quiconque.

Photo de la couverture: www.ingimage.com

Editeur: Presses Académiques Francophones est une marque déposée de
Südwestdeutscher Verlag für Hochschulschriften GmbH & Co. KG
Heinrich-Böcking-Str. 6-8, 66121 Sarrebruck, Allemagne
Téléphone +49 681 37 20 271-1, Fax +49 681 37 20 271-0
Email: info@presses-academiques.com

Produit en Allemagne:
Schaltungsdienst Lange o.H.G., Berlin
Books on Demand GmbH, Norderstedt
Reha GmbH, Saarbrücken
Amazon Distribution GmbH, Leipzig
ISBN: 978-3-8381-7139-5

Imprint (only for USA, GB)
Bibliographic information published by the Deutsche Nationalbibliothek: The Deutsche Nationalbibliothek lists this publication in the Deutsche Nationalbibliografie; detailed bibliographic data are available in the Internet at http://dnb.d-nb.de.
Any brand names and product names mentioned in this book are subject to trademark, brand or patent protection and are trademarks or registered trademarks of their respective holders. The use of brand names, product names, common names, trade names, product descriptions etc. even without a particular marking in this works is in no way to be construed to mean that such names may be regarded as unrestricted in respect of trademark and brand protection legislation and could thus be used by anyone.

Cover image: www.ingimage.com

Publisher: Presses Académiques Francophones is an imprint of the publishing house
Südwestdeutscher Verlag für Hochschulschriften GmbH & Co. KG
Heinrich-Böcking-Str. 6-8, 66121 Saarbrücken, Germany
Phone +49 681 37 20 271-1, Fax +49 681 37 20 271-0
Email: info@presses-academiques.com

Printed in the U.S.A.
Printed in the U.K. by (see last page)
ISBN: 978-3-8381-7139-5

Copyright © 2012 by the author and Südwestdeutscher Verlag für Hochschulschriften GmbH & Co. KG and licensors
All rights reserved. Saarbrücken 2012

Sommaire

Présentation du texte 3

Campagne de 1812 11

Bibliographie 53

Chronologie de la campagne de Russie 56

Chronologie de l'année 1812 vécue par le baron Jomini 58

Portrait du général Antoine-Henri Jomini par George Dawe (1781-1829), Musée de l'Ermitage, Saint-Pétersbourg

Présentation du texte

La retraite de Russie est l'un des moments les plus effroyables des guerres du Premier Empire. Drame humain occupant une place importante dans la mémoire collective, la débâcle de Russie ébranle les bases de l'Empire français. En juin 1812, la Grande Armée comprend 680 000 soldats et 580 000 d'entre eux franchissent le Niémen, fleuve faisant office de frontière entre le Grand duché de Varsovie et la Russie.

Six mois plus tard, seuls 50 000 hommes ont eu la force de traverser à nouveau le Niémen. Selon Thierry Lentz, directeur de l'Institut napoléonien, 200 000 soldats de la Grande Armée ont trouvé la mort, plus de 150 000 ont été faits prisonniers – un quart d'entre eux choisissent de devenir des sujets russes – et 130 000 ont déserté[1]. Le calvaire russe a fortement marqué les grognards qui ont survécu ; les horreurs vécues les poussent à rendre compte des souffrances endurées, comme le relève le professeur Jacques-Olivier Boudon : « Tous les rescapés de la campagne de Russie ont eu le sentiment de vivre une expérience extrême, qui ne ressemble à rien de ce qu'ils avaient vécu jusqu'alors. C'est du reste cette expérience qui pousse nombre d'entre eux à témoigner »[2]. Ainsi, souligne Natalie Petiteau, professeur à l'université d'Avignon, « on peut estimer qu'ils sont au nombre d'une petite centaine, pour les seuls témoignages français, si bien que ce sont environ 1% des survivants qui auraient laissé une trace écrite de ce qu'ils ont vécu »[3].

Jomini est l'un de ceux-là. Cette campagne est évoquée à plusieurs reprises dans ses ouvrages, que ce soit dans la *Vie politique et militaire de Napoléon par lui-même* (1827), le *Précis politique et militaire des campagnes de 1812 à 1814* (1886) ou encore ses souvenirs inédits, que nous publions à l'occasion du bicentenaire de la retraite de Russie. Toutefois, pour saisir les relations que Jomini entretenait avec les Russes et qui expliquent pourquoi, bien que membre de l'état-major impérial, il ne

---
[1] LENTZ, Thierry, « Chiffres », *L'Histoire* de mars 1812, n°373, p. 64.
[2] BOUDON, Jacques-Olivier : *Napoléon et la campagne de Russie, 1812*. Paris, Armand Colin, 2012, p. 193.
[3] PETITEAU, Natalie, « Le trouble des mémoires », *L'Histoire* de mars 1812, n°373, p. 72.

suit pas Napoléon Ier à Moscou, il faut remonter deux ans avant les terribles événements de 1812.

1810 a été une *annus horribilis* pour Jomini. Brouillé avec le maréchal Ney qui cherche un bouc émissaire pour expliquer ses revers en Espagne, le baron Antoine-Henri Jomini est déplacé à l'état-major du maréchal Berthier sous les ordres du colonel Bailly de Monthion. La chute est terrible pour l'adjudant-commandant suisse, qui s'ennuie dans l'administration impériale. Sollicitant alors le commandement de l'une des nouvelles brigades d'infanterie suisses, il obtient une fin de non recevoir de Berthier, dont l'inimitié à son encontre est croissante.

Se retirant officiellement en Suisse pour des raisons de santé, Jomini, déçu et contrarié, envoie le 28 octobre 1810 sa démission d'adjudant-commandant à Berthier et s'attire à nouveau les faveurs de la puissance russe qu'il désire servir. Le tsar Alexandre Ier avait manifesté son intérêt concernant son *Traité des grandes opérations* et avait même fait procéder à sa diffusion en langue russe. Alexandre Ier est prêt à le nommer aide de camp, avec le grade de général major. Le souverain russe attend cependant la confirmation du congé de l'armée française.

Mais les choses ne se déroulent pas comme prévu pour Jomini : Napoléon Ier, mis au courant des tractations russes, lui ordonne, par la voix du chargé d'affaires français en Suisse, de partir pour Paris, où il doit rencontrer Clarke, le ministre de la guerre. Ce dernier le place devant l'alternative suivante : ou Jomini persiste à vouloir quitter l'armée française et il sera alors enfermé au donjon de Vincennes, ou il se soumet à la hiérarchie impériale et il accepte le grade de général de division attaché… à l'état-major de Berthier. Jomini est promu général de brigade… en n'ayant jamais commandé la moindre troupe… Ironie de l'histoire : Jomini reçoit peu après ses brevets russes…

Napoléon Ier déclare la guerre à la Russie le 2 juin 1812. Cherchant à ménager le tsar Alexandre qui l'avait accueilli dans ses rangs, Jomini, prétextant des ennuis de santé, sollicite des fonctions au sein de l'administration militaire[1]. Nommé comman-

---

[1] Voir à ce sujet : COURVILLE, Xavier de : *Jomini ou le devin de Napoléon*. Paris, Plon, 1935, p. 160 ; LECOMTE, Ferdinand : *Le général Jomini : sa vie et ses écrits. Esquisse biographique et stratégique sur le général Jomini*. Lausanne, Imp. L. Corbaz & Comp. éditeurs, 1869, p. 104. Toutefois, son dossier militaire

dant de la place de Vilna (ancienne dénomination française de Vilnius), puis gouverneur, il doit accomplir les tâches suivantes : « Un vaste camp retranché à faire tracer et construire autour de cette grande ville, destinée à devenir la base de tous les approvisionnements de l'armée ; 25 mille malades à entretenir et à soigner dans les hôpitaux ; 30 mille soldats isolés et traînards répandus dans les environs, à rallier et à organiser en bataillons de marche pour les diriger sur l'armée ; des corps nombreux, arrivant successivement de France, à pourvoir de tout pour leur marche à travers la Lituanie ravagée et déserte ; les immenses approvisionnements venant par eau de Dantzig à Kowno à faire remorquer sur la Wilia au moyen de radeaux, dont le premier était à construire ; enfin, activer l'organisation de quelques légions lituaniennes ; telle était la rude tâche imposée au pauvre gouverneur, et pour l'accomplissement de laquelle on ne lui avait pas laissé la dixième partie des moyens nécessaires »[1].

Toutefois, ses altercations répétées[2] avec son supérieur, Dirk Hogendorp, le gouverneur de Lituanie trop rigide, débouchent sur sa nomination de gouverneur de Smolensk, en remplacement du général Barbanègre.

Ayant appris l'incendie de Moscou[3] et la retraite[4] de la Grande Armée, Jomini perçoit les importantes difficultés que vont rencontrer les soldats en voulant repasser le Niémen. Dans ces conditions, il demande à son aide de camp, Pont-Bellanger, d'aller reconnaître les différentes routes menant à Vilna, ainsi que les passages envisageables pour franchir le Dniepr et la Bérézina.

La situation est d'autant plus critique que Jomini apprend que l'armée de l'amiral Pavel Tchitchagov talonne la Grande Armée. Conscient du péril, le gouverneur de

---

révèle une autre réalité, comme l'indique cette lettre de Jomini datée du 14 août 1813 adressée à Michel Ney : « Monsieur le maréchal, j'ai eu assez longtemps l'honneur de servir près de Votre Excellence. [...] j'ai encouru la haine injuste du prince de Neuchâtel. Trois ans entiers je me suis soumis au joug qui m'était imposé : dans la dernière campagne de Russie on m'a humilié au point de me jeter dans des commandements de place sur les derrières. J'ai tout souffert dans l'espoir que le temps changerait ma position. [...] ». Source : Archives d'État, Genève, AE IV 1661/11, copie manuscrite, in : LANGENDORF, Jean-Jacques : *Faire la guerre : Antoine-Henri Jomini. Volume 1 : Chronique, situation, caractère*. Genève, Georg Éditeur, 2001, pp. 92-93.
[1] LECOMTE, Ferdinand : *Op. cit.*, pp. 104-105.
[2] Hogendorp reproche à Jomini de l'avoir mal accueilli. De plus, malgré le refus du général suisse, le Hollandais envoie à la mort, en toute connaissance de cause, le major Hell et ses hommes chargés de détruire un camp russe fortement défendu. Jomini est alors mis aux arrêts simples par son supérieur hiérarchique.
[3] JOMINI, Antoine-Henri : *Précis politique et militaire des campagnes de 1812 et 1814. Extraits des souvenirs inédits du général Jomini*. Lausanne, B. Benda, 1886, pp. 140-158.
[4] *Ibid.*, pp. 158-172.

Smolensk écrit à Napoléon Ier pour lui signaler les dangers encourus à vouloir emprunter la route menant de Borisov à Minsk en raison des forêts marécageuses à traverser et des ponts à construire[1]. Au contraire, il préconise de passer par Wesselovo et Zembin, trajet qui offre l'avantage d'être plus court et moins contraignant pour la Grande Armée. Convaincu par les arguments exposés par Jomini à Bobr, l'Empereur français lui ordonne de rejoindre le général Éblé pour choisir l'emplacement des ponts à jeter sur la Bérézina.

Alors que le pont de Borisov est brûlé par les Russes, coupant ainsi tout espoir de retraite de ce côté-là, il est décidé d'induire les Russes en erreur afin de ne pas avoir à subir leur feu nourri durant la construction des ponts. Pour tromper Tchitchagov, un bataillon se dirige vers le sud, en direction d'Oucha, alors que le gros du corps du maréchal Oudinot emprunte la route de Wesselovo, au nord.

Démolissant le village de Studianka afin d'obtenir le bois nécessaire, les soldats du général Aubry procèdent à la construction d'un petit pont destiné à protéger un plus grand, exécuté par la troupe du général Éblé. Surveillant les travaux de jour comme de nuit, Jomini est victime d'une importante fluxion de poitrine. Une forte fièvre, accompagnée d'une violente toux, provoque des délires.

Alors que la Grande Armée traverse la Bérézina[2], Jomini, sans connaissance, est abandonné dans l'une des trois maisons de bois de Studianka qui n'avait pas été démolie. En effet, vexé de devoir prendre les avis de Jomini, son cadet, qui n'appartenait de surcroît pas à son arme, Éblé n'avait pas jugé nécessaire de réveiller le baron vaudois, quitte à le laisser prisonnier des Russes[3].

Alors que la Grande Armée, à l'exception de l'extrême arrière-garde du maréchal Victor, duc de Bellune, avait franchi la rive droite de la Bérézina au bout du troisième

---

[1] Sur la question de la logistique, voir la problématique développée par Jomini dans son chapitre « XXV Des magasins et de leurs rapports avec les marches » dans son *Précis de l'art de la guerre ou nouveau tableau analytique des principales combinaisons, de la grande tactique et de la politique militaire*. Paris, L. Baudoin, 1894, tome I, édité et augmenté par Ferdinand Lecomte. Voir aussi à ce sujet les développements du maréchal de France Jacques François de Chastenet de Puységur dans son *Art de la guerre*, publié par son fils en 1748, sur le ravitaillement d'une armée en déplacement.
[2] CHOFFAT, Thierry ; TORNARE, Alain-Jacques : *La Bérézina, Suisses et Français dans la tourmente de 1812*. Bière, Cabédita, 2012, pp. 44-46.
[3] Relevons cependant que Jomini est détaché auprès de Éblé et n'appartient pas de la sorte à son corps de troupe. Deux personnes sont à la porte de sa maison : Liébart et Fivaz. La conduite de son aide de camp est quant à elle discutable.

jour, les Russes ouvrent le feu sur les 50 000 personnes, la plupart désarmées ou éclopées, qui cherchent à emprunter le pont. La maison dans laquelle se trouve Jomini est touchée par plusieurs obus qui embrasent la paille. Reprenant finalement ses esprits, avalant la moitié d'une bouteille de quinquina pour se donner des forces, le général suisse – traîné par Liébart, son domestique, et le capitaine François Fivaz[1], son aide de camp – cherche à atteindre le pont. Mais un mouvement de foule l'entraîne dans l'eau glacée. Alors que plusieurs milliers de personnes se noient, Jomini, ayant grimpé sur un petit cheval, est tiré d'affaire par un sergent badois qui avait planton à Smolensk, alors que Jomini y était gouverneur.

Arrivé au village de Brill, Jomini est conduit au logement des officiers de l'état-major de Berthier. Grelottant, en proie à de nouveaux délires, le général suisse est placé sur un four pour sécher ses vêtements. Inconscient, il est une nouvelle fois abandonné par les officiers de Berthier.

Xavier de Courville décrit ainsi les délires de Jomini : « Liébart lui-même n'est plus là : il l'a déposé dans cette maison [...], pour s'enfuir comme les autres. [...] Mais on n'entend plus le roulement des voitures. Toute l'armée est passée : toute l'armée l'abandonne. Liébart est un traître ! Traître Pont-Bellanger, qui a profité de sa parenté avec le général Grouchy pour accompagner sans bruit ce providentiel cousin ! Traître le général Éblé, qui, en fuyant, a laissé dormir son voisin de chambre dont il était jaloux ! »[2] Le biographe ajoute : « Mais plus traître que tous, Berthier, qui, en quittant la maison de Brill, a laissé mourir son ennemi sur le poêle éteint »[3].

Par chance, le maréchal Victor, duc de Bellune, arrive avec ses officiers dans le local et découvre le malade, qui reprend des forces grâce au repas (oie en pâté !) partagé avec le général Louis Huguet-Chateau, le chef d'état-major du 9e corps. Pour stimuler le baron vaudois, Chateau mélange du bordeaux à de la neige. Jomini revit.

Poursuivi par les Russes, le duc de Bellune emmène Jomini dans sa calèche, qui doit être abandonnée peu après. Le Payernois échappe aux blessures graves des

---

[1] Dans les cahiers et le tapuscrit, le nom du beau-frère de Jomini est orthographié Fiva. Nous avons toutefois retenu Fivaz, nom exact.
[2] COURVILLE, Xavier de : *Op. cit.*, p. 184.
[3] COURVILLE, Xavier de : *Op. cit.*, p. 184.

lances des Cosaques grâce à sa fourrure de mouton qui, trempée dans l'eau froide de la Bérézina et séchée sur le four, est devenue aussi dure que du bois.

Ayant rejoint l'arrière-garde, enfiévré, crachant du sang, il continue sa fuite tantôt sur un canon, tantôt sur un petit traîneau sur lequel, fatigué, il commence dangereusement à s'endormir. Il est réveillé *in extremis* par un tambour-major, originaire d'Orbe, du régiment suisse de Castella qui connaissait son frère et qui conduira le traîneau. L'historien Alain-Jacques Tornare indique qu'il s'agit « sans doute [de] Louis Perdriza, fait caporal le 12 août 1807, puis tambour-major le 2 octobre 1807, [qui] l'amène ainsi jusqu'à la ville polonaise d'Osmiana, alors en feu »[1].

Conduit à la maison des officiers, il tombe de tout son long sur le plancher. Il est notamment pris en charge par les généraux Marchand, Barbanègre et Sébastiani, avec qui il mange. C'est dans la voiture de Barbanègre qu'il se rend à Vilna, où il retrouve son domestique Liébart, son cousin le capitaine Tavel, ainsi que son beau-frère François Fivaz, qui a les deux mains gelées et qu'il faudra amputer, sans succès.

Ayant touché ses honoraires à Vilna, il se rend à pied, puis à cheval, à Kowno. Ayant acheté un nouveau traîneau, il le confie à son cousin Tavel, qu'il a retrouvé, en lui demandant de passer le Niémen avant les encombrements et de l'attendre le lendemain matin de l'autre côté de la rive. Hélas, après une nuit de sommeil, il ne trouvera ni cousin, ni traîneau, ni argent confié… Jomini est encore une fois abandonné…

Il atteint Dantzig, puis Stettin, où il reçoit l'ordre de Berthier de se rendre immédiatement à Paris : Jomini est chargé par Napoléon Ier de créer, avec le général Neigre, une nouvelle armée. Il s'agit d'une importante marque de confiance de l'Empereur, étant donné qu'il n'était pas permis aux autres soldats de franchir le Rhin.

La carrière de Jomini se trouve alors à un tournant : il est chargé de réorganiser l'armée impériale après le désastre de la campagne de Russie et semble promis à évoluer dans les plus hautes sphères de l'Empire. Ferdinand Lecomte avance qu'il aurait

---

[1] TORNARE, Alain-Jacques, « Antoine-Henri (de) Jomini (1779-1869) », *Du major Davel au général Guisan. Illustres soldats vaudois dans le monde*. Bière, Cabédita, 2010, p. 248.

même pu recevoir le bâton de maréchal[1]. Mais c'était sans compter sur cette insistante fluxion de poitrine qui le cloue trois mois au lit. Jomini a laissé passer là une des plus belles occasions de sa vie.

Reconnaissant de solides compétences géographiques et stratégiques à Jomini, Napoléon Ier le nomme chef d'état-major de Michel Ney, avec qui il se réconcilie. À la suite de la bataille de Bautzen, il est mis aux arrêts par Berthier pour des raisons futiles (non remise des états de quinzaines), alors que ses initiatives le destinaient pourtant à être promu général de division. Berthier l'humilier encore en le rayant des listes de la Légion d'honneur. Le 14 août 1813, Jomini quitte alors le camp français pour rejoindre l'état-major ruse, décision décriée jusqu'à nos jours par de nombreux historiens français et suisses.

Ces souvenirs, écrits en 1866 à l'âge de 88 ans, sont ceux d'un survivant qui a connu l'horreur lors de la campagne de Russie et qui, durant toute une vie, restera très marqué par ce drame.

Alain Chardonnens
Enseignant à l'ECGF et à l'Université de Fribourg

---

[1] Ferdinand Lecomte porte à notre connaissance l'élément suivant : « Napoléon, causant un jour de Jomini avec le prince Wenzel-Lichtenstein, envoyé autrichien pour négocier un armistice en 1814, lui dit : "Si Jomini n'avait pas été malade, il serait devenu maréchal de France." » (LECOMTE, Ferdinand : *Op. cit.*, p. 117).

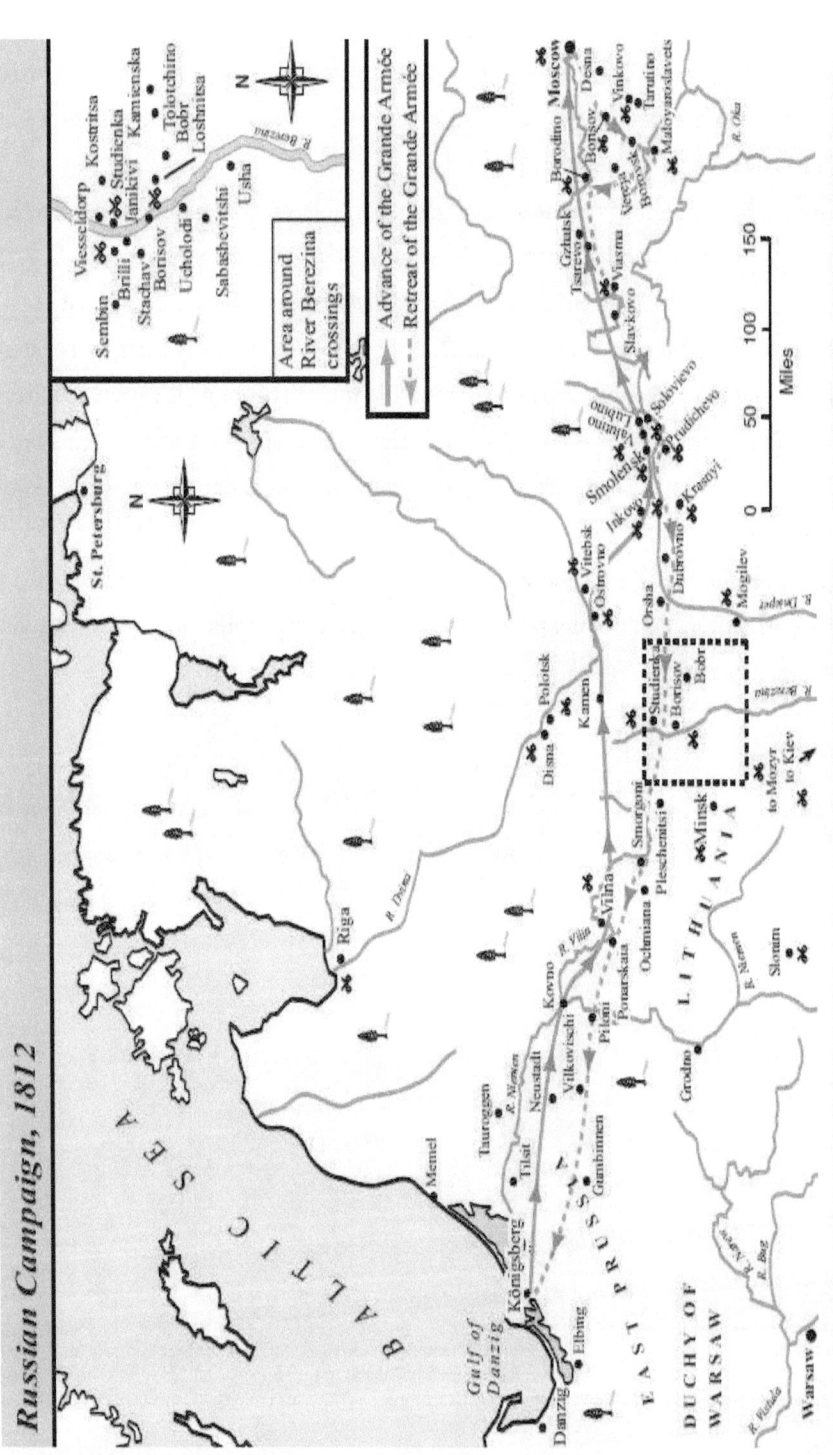

FREMONT-BARNES Gregory : *The Encyclopedia of the French Revolutionary and Napoleonic Wars*, Fremont-Barnes Editor, 2006, p. 846. Adapted from Chandler 1966, 772–773 ; and Fremont-Barnes and Fisher 2004, 165.

Campagne de 1812

Avant de raconter les terribles tribulations de cette campagne, je dois citer quelques circonstances survenues avant.

Le maréchal Ney, en retournant en 1810 à son corps d'armée après l'échec de Tamames[1], avait eu la douleur de se voir placé sous les ordres de Masséna[2] pour chasser Wellington[3] du Portugal. On sait par quel mélange d'habileté et de [?] le Fabius[4] anglais se réfugia dans les fameuses lignes de Torres Vedras[5], système admirable pour un général insulaire dont la véritable base est sur ses vaisseaux, mais qui a causé tant d'erreurs et de faux jugements stratégiques dans l'appréciation des opérations des armées continentales.

Le maréchal, après la pénible retraite de cette expédition, fut appelé à Paris et prit le commandement du 3e corps d'armée destiné à l'invasion de la Russie[6].

Pressé comme je le suis par l'âge (88 ans) et une cécité presque complète, je ne dirai que peu de mots sur cette gigantesque entreprise de l'Empereur Napoléon[7] – dont j'ai retracé les principaux événements dans le *Précis politique et militaire* imprimé en 1853 à Bruxelles en 2 volumes – qui ne sont pas encore publiés à l'heure où j'écris (1866).

Les véritables causes de la rupture entre les deux grands Empereurs a été étrangement interprétée et singulièrement méconnue. Pour la juger impartialement, il fau-

---

[1] Le 18 octobre 1809, les troupes impériales sont vaincues au-dessus du village de Tamames. Les pertes françaises se sont élevées à 1 200 morts ou blessés. La Guerre d'indépendance espagnole commence en 1808 avec le soulèvement de la population de Madrid en réaction au stationnement de l'armée française. L'insurrection se généralise en Espagne après que Joseph, frère de Napoléon, monte sur le trône espagnol. Se heurtant à une guérilla et à l'armée britannique, les soldats français ont dû refluer au-delà des Pyrénées en 1813.
[2] Duc de Rivoli (10), prince d'Essling (1810), le maréchal Masséna mène l'invasion du Portugal en 1810 et est battu à plusieurs reprises (batailles de Buçaco, Barrosa et Fuentes de Oñoro).
[3] Arthur Wellesley (1769-1857), duc de Wellington, est le commandant des forces britanniques au Portugal, d'où il repoussera les Français en 1811 et 1812.
[4] Quitus Fabius Maximus Verrucosus (vers -275 av. J.-C., -203 av. J.-C.), dit le *Cunctator* (le Temporisateur), a mené une guerre d'usure avec Hannibal sans l'affronter directement.
[5] Situées non loin de Lisbonne, Masséna y a été battu encore une fois.
[6] Remplacé par Auguste Marmont, Masséna subit les reproches de l'Empereur, qui ne l'emploie dès lors pas durant ses campagnes de 1812 et 1814.
[7] J'avais esquissé cette campagne pour la *Vie de Napoléon* en 1821. Je l'ai reproduite en 1854 dans le *Précis politique et militaire des trois campagnes 1812-1813 et 1814* imprimé à Bruxelles, mais encore inédit en 1866. L'introduction du 1er volume peut servir au besoin pour faire connaître ce que j'ai fait en 1812 (note de Jomini).

drait pouvoir faire appel à la conscience des deux souverains et savoir leurs intentions réciproques en contractant l'alliance de Tilsit[1], conditions assez difficiles à remplir. Trois points essentiels devaient se régler : la question polonaise[2], celle de la Turquie[3] et des principautés, puis l'action commune contre l'Angleterre.

En érigeant un duché de Varsovie, Napoléon créait évidemment un germe de rétablissement de la Pologne et quoiqu'il s'engageât par articles secrets à ne pas y ajouter un village, c'était nécessairement éveiller des soupçons sur la sincérité de ses intentions. L'intégrité de l'Empire ottoman avait été pompeusement proclamée, et la Russie pensait naturellement que si l'Empereur Napoléon étendait ses conquêtes en Westphalie, en Allemagne, en Italie jusqu'à Naples, et même au Portugal, Alexandre pouvait bien aspirer à une compensation dans la cession des principautés danubiennes, qui ne faisaient pas précisément partie intégrante de l'Empire ottoman. Il y avait donc dès l'origine deux points noirs dans l'horizon de cette alliance, deux points qui devaient tôt ou tard devenir des sujets de conflits. Lorsque les revers de Murat[4] à Madrid forcèrent Napoléon à transporter la moitié de son armée d'Allemagne en Espagne[5], il était naturel qu'il eût une nouvelle entrevue avec son illustre allié afin de s'assurer de ses bonnes dispositions. Cette célèbre entrevue eut lieu à Erfurt[6] en 1808 comme l'on sait ; il serait difficile de constater ce que les deux puissants monarques se dirent ou se promirent verbalement, mais j'ai eu entre les mains des lettres autographes prouvant qu'il y fut assez sérieusement question d'une expédition commune dans l'Inde. Quant à l'Allemagne, l'Empereur Alexandre promit de concourir à y maintenir la paix et on sait que la guerre avec l'Autriche ayant éclaté, il fournit à Na-

---

[1] En 1807, le tsar Alexandre Ier et Napoléon Ier signent le traité de Tilsit, mettant fin à la 4e coalition contre la France. Il porte notamment sur la création d'un duché de Varsovie, attribué au roi de Saxe. La Prusse perd la moitié de ses territoires. De plus, une alliance est conclue contre les Anglais.
[2] Le duché de Varsovie a été créé à partir des terres polonaises reprises aux Prussiens (Prusse méridionale, Nouvelle-Silésie) et d'une partie de la Nouvelle Prusse orientale. Il a à sa tête le roi Frédéric-Auguste Ier de Saxe, fidèle allié de Napoléon Ier. Le duché sera partagé en trois au Congrès de Vienne.
[3] Une clause du traité de 1807 porte sur le démembrement de l'Empire ottoman entre la France et la Russie.
[4] La rébellion de la population de Madrid contre l'occupation des Français – le soulèvement du *Dos de Mayo* (2 mai 1808) – a été réprimé dans le sang par Joachim Murat. Ces événements conduisent au soulèvement de toute l'Espagne contre l'occupant. Le tableau de Goya, *Tres de mayo*, rappelle ce massacre.
[5] En offrant la couronne espagnole à son frère Joseph et en contraignant les deux souverains (Charles IV, qui avait été renversé par Ferdinand VII) à abdiquer, Napoléon Ier engage la France dans une guerre de 6 ans en Espagne.
[6] Napoléon Ier et Alexandre Ier se sont rencontrés à Erfurt du 27 septembre au 14 octobre 1808 dans le but de consolider l'alliance de 1807.

poléon un corps auxiliaire de 25 000 Russes pour sauver ce même duché de Varsovie créé contre ses intérêts. Ce corps russe fit plus, car il expulsa même les Autrichiens de la Galicie orientale qui ne faisait pas partie du duché.

À la paix de Vienne[1] qui suivit la victoire de Wagram[2], Napoléon ne recula pas devant la témérité de céder cette même Galicie au duché de Varsovie [bien] qu'il ait promis de ne pas l'augmenter d'un village. Se servir d'une armée russe pour violer un engagement avec son souverain, c'était une injure d'autant plus violente qu'elle signalait des dangers évidents pour l'avenir.

J'ai appris par M. de Caulaincourt[3] lui-même que le jour où l'Empereur Alexandre avait reçu le traité, il avait mandé cet ambassadeur en lui disant : « M. le grand écuyer, vous connaissez le traité qui vient d'être conclu sans ma participation. Vous connaissez aussi les articles secrets de Tilsit. Que pensez-vous de tels procédés ? » Caulaincourt chercha naturellement à dorer la pilule, mais Alexandre lui répliqua : « Vous avez beau dire, je vois parfaitement où votre maître veut en venir, il en veut à mon Empire, je sais que c'est un rude jouteur[4] et me garderai d'aller au-devant de lui, mais je vous déclare que dès aujourd'hui, je vais me mettre en mesure de le recevoir[5]. »[6]

La franchise ne fut jamais la vertu des grands politiques et Alexandre fut souvent accusé d'en manquer, mais dans cette occasion, on ne peut que l'admirer. Après une telle scène, comment aurait-on pu espérer que la Russie renouvellerait l'engagement de fermer ses ports aux Anglais et de persister dans le système continental qui ruinait le commerce et les propriétaires russes ? L'abandon de ce système aurait été forcé même sans la circonstance de la Galicie et la violation du traité de Tilsit.

---
[1] Le traité de Vienne du 14 octobre 1809 stipule la cession par l'Autriche de plusieurs territoires (notamment Salzburg, Trieste, la Carniole et la Croatie).
[2] Victoire de Napoléon Ier sur les forces autrichiennes dirigées par l'archiduc Charles les 5 et 6 juillet 1809.
[3] Aide de camp en 1802, général de division en 1805, Armand-Augustin-Louis, marquis de Caulaincourt (1773-1827) a préféré la diplomatie à la carrière des armes. Il a été envoyé comme ambassadeur en Russie en 1807.
[4] Celui qui rivalise dans une lutte.
[5] Je n'ajoute pas une syllabe aux dires de M. Caulaincourt (note de Jomini).
[6] Alexandre Ier ne veut pas d'un rétablissement de la Pologne. Le traité de paix signé avec l'Autriche contient une clause prévoyant le rattachement de la Galicie au Grand duché de Varsovie. La Russie considère la Pologne comme un point de départ à l'invasion de son territoire. En effet, elle avait levé le blocus continental qui étouffait son industrie manufacturière, provoquant la colère de Napoléon Ier qui voyait ainsi son système mis à mal.

Du reste, Napoléon, pour être fidèle à son rôle et consolider son édifice, devait ou triompher de l'Angleterre ou acheter bien chèrement une paix momentanée. Or, comme il ne pouvait espérer qu'une paix éphémère, il crut pouvoir, moyennant une bataille gagnée sur les bords de la Dvina, enchaîner la Russie à son projet, sinon de conquérir l'Inde, du moins d'en expulser jusqu'au dernier Anglais.

Quoiqu'il en soit, la guerre offensive une fois résolue, tout ce qui tenait au quartier général impérial reçut l'ordre de se rendre en poste à Mayence, d'où il devait marcher par étapes à Berlin ; nous fîmes ce pèlerinage avec les généraux Guilleminot[1] et Tarayre[2] assez agréablement.

Je fus logé chez le prince de Wittgenstein, grand chambellan, vieillard respectable, et le type le plus parfait du vieux courtisan. Après un séjour de quelques semaines, nous partîmes pour Thorn et, dans la nouvelle organisation du quartier général, je fus désigné pour être employé[3] sous le prince de Neuchâtel avec le titre nominal de chargé de la partie historique. Le général Guilleminot dut d'abord remplir les fonctions de commandant du quartier général (il commandait deux ou trois bataillons de la ligne, ou allemands, chargés de fournir des sentinelles aux établissements publics, aux hôpitaux, à la police de la place, aux dépôts de prisonniers, en un mot, fonctions de major de place).

---

[1] Armand Charles Guilleminot (1774-1840), capitaine dans l'Armée d'Italie (1798), devient le chef de camp de Moreau. Ingénieur-géographe (1805), il est promu général de brigade (1808) à la suite de son engagement lors de la bataille victorieuse de Medina del Rio Seco l'opposant aux Espagnols. Membre de la commission de défense du royaume en 1818, directeur du dépôt de la guerre en 1822, il est nommé président de la commission rétablissant la démarcation des frontières de l'Est par Louis-Philippe.
[2] Capitaine (1792), adjudant-général (an IX), Jean Joseph Tarayre (1770-1850) sert sous Louis Bonaparte à L'armée du Nord. Lorsque ce dernier devient roi de Hollande, Tarayre le sert comme colonel des grenadiers de la garde (1806), colonel-général (1807), lieutenant-général (1808), capitaine des gardes du roi (1809). Percevant les difficultés de Louis de se maintenir sur le trône de Hollande, il donne sa démission (1810) et s'occupe d'agriculture dans l'Aveyron. Napoléon Ier le rappelle avec le grade de général de brigade (janvier 1812), l'intégrant à l'état-major de la Grande Armée. Durant la campagne de Russie, il commande l'arrière-garde du corps de Davout ; il a les pieds gelés durant la retraite. Lors des Cent-Jours, Tarayre est envoyé par Napoléon Ier à l'Armée du Nord. Élu député en 1819 et 1820, il soutient la Révolution de Juillet et devient inspecteur et organisateur de gardes nationales de cinq départements (1830) et est admis dans le cadre de réserve de l'état-major général.
[3] Nommé directeur de la section historique de l'état-major de la Grande Armée le 29 janvier 1812, Jomini quitte Paris le 8 février 1812.

Mon poste[1], que j'ai appelé nominal, était une anomalie, une sorte de sinécure, car j'étais rarement à même de fonctionner. Le prince de Neuchâtel avait deux aides-majors généraux, dont l'un était le même Bailly de Monthion[2] déjà connu[3]. Mais le prince avait en outre pour secrétaire particulier, chargé de toutes les opérations militaires, un capitaine d'état-major nommé Salomon, [qui] était le fils d'un ancien camarade de Berthier en 1792 ; ce capitaine blessé grièvement ne pouvait servir activement, mais c'était un homme précieux par l'ordre et l'exactitude parfaite qu'il apportait dans ses travaux. C'était lui qui était chargé de tous les mouvements et qui savait l'emplacement des moindres détachements ; il était naturellement fort occupé et inabordable. Ce n'était que par lui que j'aurais pu arriver à tenir un journal des opérations, œuvre assez difficile au milieu des marches éternelles auxquelles nous étions appelés. Du reste, je n'eus même pas le temps d'entrer en fonction, comme on le verra.

Les nombreuses masses se dirigeant sur le Niémen, le gros dans la direction de Kowno, nous y marchâmes par Insterbourg[4] et Gumbinnen[5]. J'eus dans cette ville une discussion stratégique sur ce que les Russes pouvaient opposer à la formidable avalanche qui allait fondre sur eux.

Le 23 juin, la masse principale réunie par Napoléon en face de Kowno[6] se composait des corps de Davout[7], Ney[8], Oudinot[1], jeune et vieille garde[2], cavalerie de Mu-

---

[1] Le 24 février 1812, Jomini est nommé au grand quartier général. Ayant intégré l'état-major de Napoléon, son beau-frère, François Fivaz, est promu capitaine et devient son aide de camp.
[2] Sous-lieutenant (1793), colonel (1805), général de brigade (1808), attaché à l'état-major de Berthier depuis la bataille de Marengo (1800), François Gédéon Bailly de Monthion (1776-1850) remplace le maréchal Berthier comme major général après le départ de l'Empereur pour Paris en décembre 1812. Lors de la seconde Restauration, Louis XVIII l'intègre au corps royal d'état-major. En 1848, ce pair de France est mis à la retraite par le nouveau gouvernement de la République.
[3] En 1810, Napoléon Ier avait laissé le choix au général Jomini, désireux de rejoindre le camp russe : être jeté en prison ou accepter le grade de général de brigade et se soumettre à la hiérarchie militaire, le plaçant de la sorte sous les ordres du colonel Bailly de Monthion.
[4] De nos jours, la ville, connue sous le nom de Tcherniakhovsk, est située dans l'*oblast* de Kaliningrad.
[5] Ville située en Prusse orientale de 1808 à 1945. À la chute du IIIe Reich, elle est intégrée à l'*oblast* de Kaliningrad.
[6] Prussienne en 1795, la ville est rattachée par Napoléon Ier au Grand duché de Varsovie de 1808 à 1815. De nos jours, Kaunas est la deuxième ville de Lituanie. Voir CHAPPET, Alain ; MARTIN, Roger ; PIGEARD, Alain : « Kowno », *Le Guide Napoléon. 4 000 lieux pour revivre l'épopée*. Paris, Tallandier, 2005, coll. « Bibliothèque napoléonienne », p. 778.
[7] Davout dirige le 1er corps. Il s'agit de l'ancienne Armée d'Allemagne, comptant notamment 5 divisions d'infanterie.
[8] Ney commande le 3e corps, composé des Français et des alliés.

rat ; les Bavarois en 2ᵉ ligne ; le vice-roi³ à droite vers Prenn ; le roi de Westphalie⁴ plus au sud vers Grodno ; le maréchal Macdonald⁵ et les Prussiens à l'extrémité opposée vers Tilsit. Enfin, l'armée autrichienne et saxonne opérait séparément au sud, en Volhynie⁶.

Le 24 juin, Napoléon, après avoir reconnu lui-même la veille au soir les rives du Niémen et fait jeter trois ponts dans la nuit à une demi-lieue au-dessus de Kowno, lança ses 15 divisions d'infanterie et de cavalerie sur le sol de la Lituanie. Cette colossale opération exigeait beaucoup d'ordre pour ne pas dégénérer en affreuse bagarre à cause de l'immensité des parcs de vivres et de munitions, outre les bagages régimentaires.

Le général Guilleminot et moi fûmes chargés de la pénible et difficile tâche de maintenir l'ordre⁷ dans cette cohue, dont les fabuleuses armées persanes de Xerxès⁸ et Darius⁹ donneraient à peine une idée, et on nous donna un bataillon de la vieille garde pour nous seconder.

Du reste, jamais spectacle aussi grandiose ne s'était présenté. Deux cent mille hommes massés sur la lisière de l'immense forêt de Mariampol (ou Wilkowisk) défilant par un temps radieux en colonnes par pelotons sous les yeux du conquérant, franchissant le défilé des ponts et se développant sur l'autre rive avec 1 000 pièces de ca-

---

[1] Oudinot est la tête du 2ᵉ corps.
[2] Le corps d'infanterie de la jeune garde est placé sous le commandement du général Mortier (1768-1835), duc de Trévise et maréchal d'Empire.
[3] Eugène de Beauharnais (1781-1824), fils adoptif de l'Empereur, commande le 4ᵉ corps.
[4] Le 8ᵉ corps est placé, au début de la campagne, sous le commandement de Jérôme, roi de Westphalie. Refusant l'autorité de Davout, il quitte ses troupes et est remplacé à leur tête par le général Junot.
[5] À la tête du 10ᵉ corps.
[6] Région située actuellement en Ukraine, la Volhynie avait été rattachée à la Russie en 1795.
[7] Dans son *Précis politique et militaire des campagnes de 1812 à 1814*, Jomini écrit (pp. 56-57) : « […] la masse immense d'équipages de toute espèce, voiture d'artillerie, vivres, fourgons de régiments, voitures des états-majors, qui se disputaient pour suivre leurs corps, amena, dès le milieu de la première journée, un encombrement et des scènes de désordre qui forcèrent Napoléon à y faire intervenir deux généraux de son état-major avec des bataillons de la vieille garde […] ». Une note fait remarquer : « Cette pénible tâche eût été l'affaire d'un bon vaguemestre général avec la gendarmerie ; il paraît qu'il n'y en avait point de nommé à cette époque : les deux généraux Guilleminot et Jomini qui se trouvent sous la main de l'Empereur, furent les victimes désignées pour y suppléer, bien que le genre de leur service ordinaire les rendit peu aptes à pareille corvée. Ce fut, dit-on, la faute du prince de Neuchâtel qui n'avait rien prévu pour assurer l'ordre » (p. 57).
[8] Xerxès Iᵉʳ (vers 519 av. J.-C., 465 av. J.-C.) entreprend une campagne militaire contre la Grèce pour se venger d'Athènes, qu'il incendie en 480 av. J.-C. Selon Hérodote, son armée comptait 1 750 000 hommes.
[9] Si Darius s'empare des îles grecques de la mer Égée (Naxos, Délos, Carystos) et détruit la flotte grecque en 494 av. J.-C. (bataille de Ladé), ses troupes sont écrasées à Marathon en 490 av. J.-C.

non, 50 000 hommes de cavalerie et autant de chevaux de trait, 7 à 8 000 voitures de vivres et de bagages – le nombre en avait été doublé par la terrible mesure qui prescrivit à tous les régiments de se pourvoir de 15 jours de vivres dans les villages de la vieille Prusse qu'ils occupaient, de sorte qu'outre la ruine de ces villages, les malheureux habitants étaient forcés de conduire ces vivres avec leurs propres voitures et leurs beaux attelages. On a assuré que plus de 20 000 chevaux et 5 000 voitures avaient été ainsi enlevés et perdus, car les pauvres paysans forcés de suivre l'armée et mourant de faim préférèrent rentrer chez eux. La grande difficulté était d'empêcher les régiments de se faire suivre de ces voitures et, lorsque le tour du passage des parcs fut venu, les troupes étant déjà en marche sur la rive droite, il devenait presque impossible d'éviter quelque confusion et quelque méprise ; le nombre en fut miraculeusement assez restreint. Le défilé des troupes dura de 4 heures du matin jusqu'à 2 heures, et offrait un spectacle difficile à dépeindre ; les colonnes, descendant des hauteurs par deux routes en amphithéâtre, présentaient aux rayons d'un soleil ardent les fusils et les baïonnettes, les casques des dragons, les cuirasses d'acier de 40 escadrons, étincelant comme du diamant. Jamais armée aussi brillante n'avait été assemblée sur un même point, et cependant 200 000 hommes passaient en même temps à Prenn, à Grodno[1], à Tilsit[2].

Le passage tirait à sa fin lorsqu'un orage vint menacer l'horizon. L'Empereur partit pour Kowno, et nous le suivîmes ; la foudre et une pluie comme l'on n'en voit guère que dans les colonies de l'Inde nous accompagnèrent, et le déluge était si violent que malgré le peu de chemin qui restait à faire, j'arrivai trempé jusque aux os dans la première maison du faubourg que je rencontrai[3].

---

[1] À la suite du troisième partage de la Pologne, la ville de Grodno (Garten en allemand) est annexée par l'Empire russe. Elle appartient depuis 1945 au Belarus et est située à 25 kilomètres au nord-est de la frontière polonaise. Voir CHAPPET, Alain ; MARTIN, Roger ; PIGEARD, Alain : « Grodno », *Op. cit.*, p. 778.
[2] Ville de Prusse orientale, devenue de nos jours Sovetsk, située dans l'*oblast* de Kaliningrad.
[3] Monsieur Thiers a nié cet orage cruellement ressenti par 200 000 hommes, mais cela n'a rien d'étonnant de la part du grand orateur qui a appris au monde qu'il y avait des vérités fausses et des vérités vraies (note de Jomini).

Après nous être un peu séchés et restaurés, nous apprîmes que l'Empereur était allé au pont de la Wilia[1] près de son confluent du Niémen[2] et nous y courûmes. Les Russes avaient brûlé le pont, mais Napoléon, impatient d'être instruit de la position des Russes sur la rive droite de la Wilia, demanda au général Krasinski[3], commandant le régiment des lanciers polonais de la garde, de faire passer un détachement d'éclaireurs à la nage, mais, aussi courtisan qu'il était brave, Krasinski se lança lui-même avec tout son régiment et passa la rivière au prix d'une dizaine de braves qui furent entraînés par le courant.

Nous restâmes le 25 à Kowno, et le 28 nous arrivâmes à Vilna[4] à la suite de la cavalerie de Murat.

L'entrée de l'Empereur avec la cavalerie de la garde y fut fêtée comme de raison. Me trouvant près de lui comme il entrait à son logement, il me dit de prendre le commandement de la place sous son aide de camp Durosnel[5] qu'il nommait gouverneur[6].

Chacun sait quels détails de service incombent à un tel commandant au milieu d'une armée de 200 000 hommes en passage comme en séjour. C'était pour moi un rude apprentissage et dans quelles circonstances, grand Dieu ! Les marches forcées, sans vivres, accompagnées de vrais déluges, des bivouacs noyés dans la boue, avaient amené d'un côté une masse de malades, de l'autre une masse de maraudeurs cherchant des vivres et ne sachant plus où retrouver leurs régiments. À peine la campagne avait commencé depuis une semaine que nous avions, tant à Vilna même qu'aux alentours, 120 pièces de canon et 300 caissons dételés par la mort de leurs attelages,

---

[1] La Wilia, aujourd'hui connue sous le nom de Néris, traverse Vilnius et se jette dans le Niémen à la hauteur de Kaunas.
[2] D'une longueur de 937 kilomètres, le Niémen prend sa source dans les environs de Minsk. De nos jours, le Niémen délimite sur sa fin la frontière entre la Lituanie et l'*oblast* de Kaliningrad. Alexandre Ier et Napoléon Ier avaient signé le traité de Tilsit le 25 juin 1807 sur un radeau flottant sur le Niémen. Franchir le fleuve devient donc hautement symbolique.
[3] Noble polonais, Wincenty Krasinski (1783-1858) est le général commandant les chevaux-légers de la garde impériale. A la chute de l'Empire, il devient sénateur de la diète polonaise (1821) et membre du Conseil d'État de Russie (1833).
[4] De 1795 à 1915, Vilnius, autrefois appelée Vilna en français, fait partie de l'Empire russe.
[5] Nommé général de brigade en 1805, puis de division en 1809, Antoine Jean Auguste Durosnel (1771-1849) participe à la campagne de Russie comme aide-major général.
[6] À vrai dire, Jomini a sollicité les faveurs de Napoléon Ier pour ne pas aller combattre le camp russe, qu'il rejoindra dans moins d'une année.

près de 4 000 chevaux morts au bivouac pour avoir vécu de seigle vert et couché dans la boue, 10 000 malades ou éclopés dont le nombre doubla bientôt lorsque l'Armée d'Italie, arrivant de Prenn, avait inondé toute la route de ses maraudeurs affamés et de ses traînards.

Bien que l'Empereur s'occupât beaucoup lui-même des mesures que nécessitait ce déplorable état de choses, il me transmit ses ordres par le général Durosnel ; je n'en étais pas moins accablé jour et nuit par les exigences de ce service, surtout dans les premiers jours.

J'avais eu jusque-là le loisir de réfléchir à ma position personnelle, qui ne cessait pas d'être un peu délicate. Si ma conscience me disait que mon devoir était de consacrer ma vie au service de Napoléon, si j'avais affronté tous les dangers des combats, elle me disait aussi qu'il était pénible d'assister à la défaite et à l'humiliation d'un souverain[1] qui m'avait témoigné tant de bienveillance en 1810.

Et si je ne pouvais servir Napoléon dans un poste secondaire important, mais peu militant, je concilierais ainsi mes devoirs et les scrupules de ma conscience.

Je profitai d'une occasion pour exprimer mon désir à Sa Majesté qui me nomma gouverneur du gouvernement de Vilna[2], le général Tarayre gouverneur de Kowno, le général Bronikowski[3] gouverneur de Minsk, le tout sous les ordres du général de division Hogendorp[4] qui devait être gouverneur de toute la Lituanie, mais qui devait rester encore quelque temps à Dantzig où il commandait.

Quelques jours avant de quitter Vilna, l'Empereur me fit l'honneur de me [convier] à dîner. Cet incident insignifiant en apparence me parut avoir une certaine signification par les circonstances dont il fut accompagné et que je crois devoir rapporter.

---

[1] En l'occurrence, le tsar Alexandre Ier. Jomini cherche à ménager la puissance russe, qui lui avait octroyé le brevet de général major.
[2] Jomini demeure à Vilna au 36, Didzioji. CHAPPET, Alain ; MARTIN, Roger ; PIGEARD, Alain : « Vilna », *Op. cit*, p. 779.
[3] Nicolas Bronikowski, comte d'Oppeln, a le grade de général de division.
[4] Dirk van Hogendorp (1761-1822), militaire néerlandais, est sous-gouverneur de l'île de Java en 1790, ministre de la Guerre de Hollande par le roi Louis Napoléon (1807), comte d'Empire (1811), aide de camp de Napoléon Ier, gouverneur général de la Prusse à Koenigsberg, puis de la Lituanie la même année (1812). Il est gouverneur de Hambourg de juin 1813 à août 1814, avant de mourir en ermite près de Rio. Ses rapports avec Jomini et Davout ont été exécrables.

À ce dîner[1] étaient aussi invités M. Alexandre Potocki et M. Vibicki[2], tous deux députés polonais venus de Varsovie pour demander à Napoléon la proclamation du rétablissement de la Confédération polonaise. On sait les motifs naturels qui décidèrent Napoléon à décliner la proposition[3]. Dans le courant de la conversation, Napoléon, sachant que M. Vibicki avait été conduit prisonnier à Moscou en 1793, l'interpella en lui demandant : « Combien y a-t-il de Vilna à Moscou, Monsieur Vibicki ? » Celui-ci hésitant à répondre, l'Empereur dit : « C'est 250 lieues, je crois. » Vibicki excusant son hésitation parce qu'il était parti de Varsovie et non de Vilna, répondit : « Oui, c'est 125 milles d'Allemagne. » L'Empereur ajouta : « Eh bien, ce n'est que 40 marches en ne les comptant qu'au minimum de 6 lieues ! » – « Oh ! certainement, répliqua le député polonais, Votre Majesté peut facilement être à Moscou dans 40 jours. » Napoléon sourit en disant : « Voilà comme il est facile de franchir les distances en manœuvrant sur les cartes, j'aime mieux y aller en deux ans. Si Messieurs les Russes croient que je vais leur courir après, ils se trompent. Nous nous arrêterons à Smolensk et sur la Dvina où nous cantonnerons, je prendrai mon quartier général à Vilna où nous ferons venir le Théâtre français, et l'armée reposée et renforcée partira au printemps pour achever la besogne. » – « Que dites-vous de cela, Monsieur le tacticien ? (s'adressant à moi) » – « Sire, je crois que ce serait incontestablement plus sage, mais il serait plus désirable encore de conquérir la paix sans y aller. » – « Ah ! c'est une autre question », répondit l'Empereur. Et la conversation changea d'objet.

Après le dîner, l'Empereur me prit dans l'embrasure d'une croisée et me dit :

– Je vous laisse comme gouverneur de Vilna. Vous recevrez mes instructions écrites demain. Vous savez que j'attends de nombreux convois de bœufs de la Hongrie et de la Galicie. Nous laissons ici beaucoup de canons et de camions d'artillerie, vous les attellerez avec les bœufs et ferez construire à cet effet les jougs nécessaires. Nous mangerons les bœufs et brûlerons les munitions. J'attends aussi de nombreux convois de farine de Dantzig par le Niémen, jusqu'à Kowno ; de là, il faudra les faire

---

[1] Le repas se déroule le 2 juillet 1812.
[2] Membres du gouvernement général de la Lituanie.
[3] L'Autriche et la Prusse possédaient des parties de cette Pologne et c'était des alliés à ménager. Outre cela trois provinces étaient encore au pouvoir des Russes et il était un peu léger d'en disposer avant de les avoir conquises (note de Jomini).

remonter la Wilia par des radeaux que vous ferez construire. Il faudra aussi protéger Vilna, par quelques ouvrages de campagne. Mes instructions vous expliqueront tout cela. Je vous recommande les nombreux malades et le rassemblement des traînards en bataillons de marche.

Je reçus en effet 16 pages admirables de prévoyance, de lucidité et bien remarquables au milieu des immenses préoccupations qui assiégeaient cet homme extraordinaire depuis les rives du Bosphore et du Tage jusqu'à celles de la Dvina.

Il me prescrivait les plus belles choses du monde, mais, malheureusement, ne me laissait aucun moyen matériel de les exécuter. Vilna, quoique grande ville, n'offrait guère plus de ressources qu'une ville de 8 à 10 000 âmes dans les pays industriels ; pour les hôpitaux par exemple, il fallait faire venir une partie des médicaments de Koenigsberg et Dantzig. Pour le camp retranché, il n'y avait ni argent assigné, ni travailleurs, et seulement deux ingénieurs avec une cinquantaine de sapeurs. La municipalité de Vilna était la seule autorité établie et n'avait de pouvoir que sur la ville. Heureusement pour ma responsabilité, le général de division Hogendorp, aide de camp de S.M., vint prendre le commandement supérieur de toute la Lituanie et, aidé par le duc de Bassano[1] qui était resté comme représentant politique de l'Empereur, il ne parvint pas même à remplir tout le programme qui m'était tracé dans ces magnifiques instructions.

Puisque j'ai parlé de ce comte Hogendorp, il est indispensable que je fasse mention de mes démêlés avec lui qui eurent une grande influence sur ma vie.

Napoléon était parti de Vilna le 16 juillet après 18 jours d'un séjour qui, bien loin d'avoir été un séjour de Capoue[2], n'en eut pas moins un fatal résultat, car s'il eût été abrégé de deux et même d'un jour seulement, l'issue de la campagne aurait pu être entièrement changée comme je le dirai plus loin, mais pour ne pas anticiper sur les événements, il faut revenir à Hogendorp.

---

[1] Hugues-Bernard Maret (1763-1839), duc de Bassano, est ministre des Affaires étrangères de 1811 à 1813.
[2] En 215 av. J.-C., les Carthaginois s'arrêtent à Capoue et s'adonnent aux multiples plaisirs proposés par la ville. Perdant l'habitude des combats, ils sont vaincus par les Romains.

Il arriva à Vilna une huitaine de jours après le départ de l'Empereur. Ce vaniteux satrape tout fier de son alliance avec une princesse allemande[1] avait été élevé à l'école militaire[2] de Berlin et, devenu général hollandais, avait suivi la marche la plus opposée à celle de son frère[3] qui avait montré le plus grand attachement à la maison d'Orange[4] et au stathoudérat[5]. C'était un homme souple avec ses supérieurs et hautain avec ses subordonnés, plutôt administrateur que militaire. En me présentant chez lui avec le corps d'officiers sous mes ordres, il commença par me reprocher de n'être pas venu sur la route de Kowno au-devant de lui. Je lui représentai qu'en pleine guerre, les lois de l'étiquette devaient céder le pas au devoir et qu'il m'avait été impossible de quitter Vilna, n'ayant personne pour me suppléer. Ensuite, il apostropha le colonel et les officiers du 129e régiment sur la mauvaise discipline de ce corps dont il avait trouvé sur la route une foule de maraudeurs, de voleurs, etc. Le colonel Freytag[6] lui répliqua que ce régiment, un des derniers venus là où 100 000 hommes n'avaient rien laissé après eux et ne recevant pas de distributions régulières, avait comparativement moins de maraudeurs que les autres. Il n'y avait rien d'extraordinairement blessant dans tout cela, mais c'était le ton qui révélait un orgueil ridicule qui lui aliéna bientôt tout le monde.

Je ne tardai pas à avoir maille à partir avec lui. Conformément aux instructions reçues, on avait réuni un bataillon de marche de mille hommes sous les ordres du major Hell et composé de détachements isolés du corps de Davout.

Quoiqu'il en soit, nous reçûmes un ordre d'envoyer ce bataillon vers Drissa avec la mission de démolir les ouvrages du grand camp retranché des Russes, besogne qui aurait exigé un mois entier. Depuis l'envoi de cet ordre, nous avions appris que le

---

[1] En septembre 1802, Hogendorp se marie en deuxième noce avec Augusta, fille aînée du prince de Hohenlohe, membre de la haute noblesse germanique qui perdra ses terres consécutivement à la chute du Saint-Empire réorganisé en 1806 par Napoléon Ier.
[2] Par autorisation spéciale de Frédéric II de Prusse, les frères Hogendorp sont admis à l'École des cadets nobles de Berlin.
[3] Gisbert Karel, comte de Hogendorp (1762-1834), frère de Dirk, est l'un des juristes ayant rédigé la Constitution des Pays-Bas (1814), tout en servant son pays en tant que Premier ministre de 1813 à 1814.
[4] La Maison d'Orange-Nassau est la famille régnant sur les Pays-Bas depuis 1814.
[5] Exercice des fonctions du stathouder, chef du pouvoir exécutif d'une province ou de l'Union.
[6] Jean-Daniel Freytag commandait le 129e régiment de ligne appartenant à la 10e division (général Ledru) du 3e corps (Ney).

corps entier du comte de Wittgenstein[1] était resté sur la Dvina entre Drissa et Polotzk et qu'il y obtenait même des succès. Je représentai à Hogendorp que je ne pouvais pas donner par écrit un ordre devenu impossible à exécuter et plus que périlleux. Loin de se rendre à l'évidence de mon raisonnement, il trouva très extraordinaire que je voulusse discuter un ordre de l'Empereur. J'eus beau lui dire que Sa Majesté n'aurait pas donné un ordre pareil si elle avait su la présence de 30 000 Russes sur ce point. Comme il persistait, je demandai qu'il adjoignît au moins un détachement de marche de cavalerie pour que le major pût se faire éclairer et le priai de donner lui-même l'ordre. En expédiant le pauvre major, je lui recommandai d'être sur ses gardes et de ne pas trop s'obstiner à vouloir remplir sa mission : à peine fut-il arrivé aux environs de Drissa qu'il se vit assailli par un gros bataillon de cavalerie russe ; la moitié à peine de son détachement parvint à se sauver, mais près de 500 braves et le major lui-même payèrent de leur vie le caporalisme de M. Hogendorp, qui m'en voulut doublement d'avoir prouvé son impéritie, car le duc de Bassano avait été instruit de mes représentations[2].

Quelques semaines après, j'avais eu l'occasion d'intervenir dans un débat entre un major polonais et la municipalité de Vilna, en donnant raison au major. Le magistrat s'étant plaint au général, il m'ordonna de mettre le major aux arrêts pour avoir exécuté ce que je lui avais prescrit. Cela était tout à fait contraire à la raison et je représentai à M. le gouverneur général que si quelqu'un méritait les arrêts, ce n'était pas celui qui m'avait obéi ; il me prit au mot, m'ordonna les arrêts et me prévint qu'il en rendrait compte à l'Empereur. Quelques jours après arriva le 15 août, jour de la fête de l'Empereur Napoléon. La ville et la noblesse célébraient cette fête par un grand bal auquel je fus de droit invité et auquel je me rendis, car les arrêts simples n'empêchent pas un officier de remplir ses devoirs de service et, comme gouverneur de Vilna, je regardais comme un devoir d'office d'assister à cette fête et que, s'il avait voulu m'en empêcher, il aurait dû m'infliger les arrêts de rigueur ou même les

---

[1] Louis-Adolphe-Pierre zu Sayn-Wittgenstein (1769-1843), officier allemand, commandait l'aile droite de l'armée russe.
[2] Jean-Jacques Langendorf dresse la liste des insultes que s'adressent les deux hommes. Voir : LANGENDORF, Jean-Jacques : *Faire la guerre: Antoine-Henri Jomini. Volume 1 : Chronique, Situation, Caractère*. Genève, Georg Editeur, 2001, p. 77, note 197.

arrêts forcés. Je restai une heure au bal et me retirai. Le duc de Bassano m'envoya son secrétaire, le baron de Monnier, pour me faire savoir qu'il ne pouvait désapprouver ma conduite et m'informer qu'il en avait rendu compte de son côté, m'engageant à la modération dans l'intérêt du service de l'Empereur. Une quinzaine de jours après, je reçus par le duc la levée de mes arrêts et la nouvelle que je devais me rendre à Smolensk en qualité de gouverneur[1], attendu qu'il était superflu d'avoir un gouverneur à Vilna où résidait le gouverneur général de la Lituanie. Le duc était chargé par Sa Majesté d'exiger ma réconciliation et l'oubli du passé. À cet effet, il nous invita tous les deux à un grand dîner en me faisant informer par M. Monnier que j'y trouverais le vaniteux satrape. Il fut convenu que nous n'aurions pas l'air de nous connaître.

Au milieu du dîner, on apporta au duc des dépêches importantes du quartier général. C'était le bulletin de la terrible bataille de Borodino[2] (ou de la Moscowa).

On nous en fit la lecture aussitôt après le dîner et le duc me demandant ce que j'en pensais, je lui dis : « C'est une de ces terribles scènes comme Kunersdorf[3], Eylau[4] et Essling[5] que le vainqueur peut autant regretter que le vaincu ! »

Une heure après, je montais à cheval pour rejoindre mes équipages partis le matin pour Osmiana avec une escorte de Bavarois qui allaient rejoindre leur corps.

Avant de quitter Vilna, j'avais eu la visite du général Dessole[6] qui, après avoir été chef d'état-major de la Grande Armée du Rhin en 1800, avait accepté le même poste auprès du prince vice-roi qui ne commandait au fond qu'un corps d'armée, lequel déjà à Smolensk ne comptait guère plus de 30 000 combattants. Admirateur sincère du

---

[1] À la fin août 1812.
[2] Cette bataille s'est tenue le 7 septembre 1812. Le nombre de victimes est de 45 000 dans le camp russe, 6 500 dans le camp français. Il s'agit de la dernière grande offensive française sur le territoire russe. Voir : CHAPPET, Alain ; MARTIN, Roger ; PIGEARD, Alain : « Moskowa (La) », *Op. cit.*, p. 783.
[3] Bataille qui s'est soldée par une terrible défaite pour Frédéric II de Prusse face aux forces autro-russes (12 août 1759).
[4] Bataille sanglante opposant le 8 février 1807 les Russes aux Français en Prusse orientale (actuel *oblast* de Kaliningrad).
[5] Bataille opposant les troupes françaises aux forces autrichiennes dans la banlieue de Vienne du 20 au 22 mai 1809. Elle s'est soldée par la mort de 45 000 soldats des deux côtés.
[6] Jean-Joseph-Paul-Augustin de Solle, dit Dessole, (1767-1828), chef d'état-major de Moreau lors de la campagne d'Italie, subit la disgrâce impériale en 1806 à la suite de ses critiques formulées à l'encontre de Napoléon Ier. Réintégré quelques années plus tard, il se bat en Espagne de 1809 à 1811. En mars 1811, il est nommé chef d'état-major d'Eugène de Beauharnais. Arrivé à Smolensk en 1812, il connaît des problèmes de santé qui l'obligent à rentrer en France. À la Restauration, Louis XVIII le nomme ministre d'État et pair de France, major général de toutes les gardes nationales du royaume. En 1818, il devient président du Conseil des ministres et ministre des Affaires étrangères jusqu'en novembre 1819.

génie de Napoléon depuis leur entrevue de 1800, Dessole ne partageait ni son caractère aventureux, ni sa politique. Il profita de l'état de sa santé et du peu d'importance de son rôle pour céder sa place à notre ami commun, Guilleminot, et rentra en France avec la conviction que si la paix ne se faisait pas avant l'hiver, l'armée serait forcée de sortir du territoire russe pour se retirer derrière le Niémen, heureuse encore si elle pouvait le faire à temps. Opinion que je partageais dès le premier jour de notre arrivée à Vilna et qui n'était au fond que le corollaire de celle que j'avais émise en 1806 à Berlin sur les guerres d'hiver dans le nord.

Tandis que je me débattais à Vilna contre les difficultés de toute nature, les opérations de l'armée avaient pris une tournure grave par suite d'incidents peu connus et sur lesquelles on ne saura peut-être jamais la vérité tout entière. L'Empereur Alexandre, qui avait soif de gloire militaire sans avoir les qualités les plus essentielles du général, s'imaginait de conduire une grande armée en écoutant les conseils les plus discordants, et avait placé toute sa confiance dans le général prussien Pfuhl et son second le colonel Vollrogen, tous les deux pédants de l'école de Potsdam ; mais outre cela, il prenait les conseils de tout son entourage, de sorte qu'il était toujours incertain sur les opérations à entreprendre et que l'on perdait tout le temps d'agir en discussions oiseuses.

Après avoir résolu de rester sur la défensive et de n'engager la bataille sérieuse que derrière la Dvina, il avait failli en livrer une à Troki[1], en avant de Vilna ; n'ayant pu réunir toute l'armée principale de Barclay[2] à temps, il l'avait repliée sur Drissa, où un vaste camp retranché était préparé sur la rive gauche de la Dvina à l'aide duquel l'on prétendait défendre les approches de Saint-Pétersbourg. L'armée moins forte de Bagration[3], qui avait défendu Grodno, se retirait sur Smolensk[4]. Les chaussées empierrées étaient chose inconnue à cette époque en Russie ; toutes les routes après deux jours de pluie devenaient presque impraticables après qu'un corps d'armée y avait

---

[1] Trakai (Troki en polonais) se situe de nos jours en Lituanie.
[2] Le prince Michel Barclay de Tolly (1761-1818) était le ministre de la Guerre du tsar (1810-1812) et l'un des principaux commandants de l'armée russe, prônant la politique de la « terre brûlée » en réponse à l'avancée des Français en Russie.
[3] Le prince Piotr Ivanovitch Bagration (1765-1812) est le commandant de l'aile gauche de l'armée du tsar. Recevant une blessure mortelle à Borodino, il meurt à Moscou une quinzaine de jours plus tard.
[4] On estimait celle de Barclay à 130 000 hommes, celle de Bagration à 50 000 (note de Jomini).

passé. Cependant les troupes russes habituées à ces mauvais chemins gagnèrent ce camp de Drissa sans qu'on pût les atteindre et sans pertes, suivies par Murat, par Ney et par le vice-roi d'Italie qui souffraient du manque de vivres et de l'état des chemins abîmés par tant de chevaux et de voitures. À peine les colonnes françaises étaient-elles apparues en vue du camp russe qu'une révolution subite s'opéra dans l'état-major ou dans l'esprit de l'Empereur Alexandre... Cet événement imprévu a été raconté de plusieurs manières selon les vues et les intérêts des personnes. Voici ce que j'en appris.

L'opinion des chefs de l'armée s'élevait contre le système de Pfuhl. Le général Toll[1] (qui je crois n'était alors que colonel) m'a assuré avoir représenté la faute de former deux lignes d'opérations extérieures, en laissant à un ennemi bien supérieur en nombre une ligne d'opération centrale. Il s'appuyait[2] sur mes ouvrages pour convaincre l'Empereur, ainsi que Barclay et Bennigsen[3]. Cette vérité démontrée, il n'y avait pas une minute à perdre pour aller à Smolensk rejoindre l'armée de Bagration et le magnifique camp retranché fut abandonné dans les 24 heures. Je ne sais jusqu'à quel point Toll était véridique, je sais seulement par le général Boutourlin[4], l'historien de cette campagne, qu'en effet il contribua, avec le prince Wolkonski, à faire prévaloir les principes de stratégie contre le burlesque système de Pfuhl de baser la défense sur la route de Pétersbourg et de former deux lignes excentriques contre le système concentrique de Napoléon.

---

[1] Karl Wilhelm von Toll (1777-1842) est nommé général quartier-maître de la 1ère armée russe en 1812. Il est promu général adjudant du tsar en 1823.
[2] Le colonel Toll, admirateur déclaré des idées du général Jomini, déclare le 6 août 1812 à Bagration et à Barclay de Tolly qu'il fallait appliquer les principes stratégiques développés par le Vaudois : l'ennemi français étant dispersé, il faut envoyer le gros des forces russes pour le frapper au centre.
[3] Levin August Gottlieb Theophil, comte de Bennigsen (1745-1826), officier allemand, entre au service de Catherine II (1773) et gère notamment le Grand duché de Lituanie. Tombé en disgrâce sous le règne de Paul Ier, il prend la tête de la conjuration qui conduit à l'assassinat du tsar (1801). Nommé général en chef de l'armée russe, il dirige les opérations lors des batailles de Pultusk et d'Eylau. Quittant l'armée peu après, il reprend du service en tant que commandant de l'armée russe, cherchant à prendre la ville de Hambourg dans laquelle Davout s'était enfermé. Promu général en chef, il commande à l'armée russe sur les frontières de l'Empire ottoman.
[4] Dimitri Petrovich Boutourlin (1790-1849), historien et général russe, aide de camp du prince Volkonsky et d'Alexandre Ier, est promu major général après la guerre turco-russe (1828-1829). Membre du Conseil d'État impérial (1840), il est nommé directeur de la Bibliothèque nationale russe (1843). Boutourlin est l'auteur d'ouvrages portant sur le règne de Catherine II et de la campagne de Russie de 1812.

Le résultat de cet important changement ne se fit pas attendre. Tandis que Barclay filait sur la rive droite de la Dvina pour aller joindre Bagration et prendre la base d'opération sur Moscou, Napoléon, qui s'était rendu à Glubokoe[1], en était parti pour réunir une grande partie de ses forces vers Vitebsk dans le but de consommer la séparation des deux armées russes et d'assurer leur défaite successive ; mais arrivé le 24 juillet sur la Dvina vers Bechenkowiczi, il eut le chagrin d'y trouver les derniers bataillons de l'armée de Barclay qui avait déjà filé sur Vitebsk et, malgré l'impétuosité ordinaire de Murat et l'activité infatigable de Napoléon, rien ne pouvait empêcher désormais la réunion des deux armées qui eut lieu le 3 août à Smolensk.

Je n'ai pas la prétention de m'attribuer le mérite d'avoir été la cause réelle de cette opération concentrique des armées russes qui les sauva d'une perte inévitable… J'ai voulu seulement constater que l'effet de mes ouvrages avait contribué à éclairer les généraux européens, ainsi que Napoléon en avait jugé à Schoenbrunn en 1805, et si les vieux généraux n'en profitèrent pas, les colonels de 1805, devenus généraux, surent mieux régler leurs opérations en évitant autant que possible les fautes condamnées par les principes solennellement proclamés. La meilleure preuve en est dans les aveux de Müffling[2], de Toll, de Boutourlin et dans les faits de 1812 à 1815. La science appartient à toutes les nations et un principe scientifique mis à la portée de toutes les intelligences ne saurait être enfoui sous un boisseau[3]. Si mon *Traité des grandes opérations* inspira les généraux russes à Drissa, à Taroutino[4], à Krasnoïe[5], mes anciens frères d'armes ne sauraient m'en vouloir, car j'en fus victime moi-même à la Bérézina.

J'ai raconté dans le *Précis politique et militaire des campagnes de 1812 et 1813* les sanglantes journées de Smolensk les 16 et 17 août. Lorsque j'y arrivai, je trouvai

---

[1] Faisant partie de l'Empire russe depuis 1771 à la suite du premier partage de la Pologne, la ville fut prise par Napoléon Ier le 24 juillet 1812. Elle se situe actuellement au nord du Belarus.
[2] Friedrich Karl Ferdinand Freiherr von Müffling (1775-1851) est un général prussien.
[3] Récipient cylindrique mesurant les matières sèches (farine, graines).
[4] Victoire russe le 18 octobre 1812. La ville est située à 80 kilomètres au sud-ouest de Moscou. Voir : CHAPPET, Alain ; MARTIN, Roger ; PIGEARD, Alain : « Taroutino », *Op. cit.*, p. 791.
[5] La bataille de Krasnoïe se déroule du 15 au 18 novembre 1812. La Grande Armée y subit des pertes importantes. Davout y perd son bâton de maréchal et son honneur en ayant, selon certains officiers, abandonné Ney. La ville est entre Orcha et Smolensk, dans l'actuel Belarus. Voir : CHAPPET, Alain ; MARTIN, Roger ; PIGEARD, Alain : « Krasnoïe », *Op. cit.*, p. 791.

cette ville transformée en cimetière et en hôpital. Tous les blessés qui n'étaient pas morts encombraient les maisons que l'incendie avait épargnées et même beaucoup de ces blessés cohabitaient avec leurs camarades morts.

Le général Barbanègre[1] que je remplaçais, devenu si célèbre par sa belle défense d'Huningue en 1814[2], ne put même [pas] me donner un état approximatif de ces malades ou blessés de toutes les nations ; manquant d'officiers de santé, de médicaments, et souvent de pain : le nombre en était estimé de 10 à 12 000. Presque tous les habitants de la ville s'étaient enfuis et plusieurs même poussaient le fanatisme jusqu'à rentrer de nuit chez eux, pour mettre le feu à leurs maisons de bois changées en charniers. Ma tâche, bien plus pénible et plus triste qu'à Vilna, me navrait, car il n'y avait aucun remède à apporter au mal. La garnison que j'avais sous mes ordres se composait, autant qu'il m'en souvient, du régiment d'Illyrie, du 129e que j'avais eu à Vilna et du bataillon de Neuchâtel, outre quelques bataillons de marche retenus à leur passage. Mais il y avait de plus le corps entier du duc de Bellune fort de 25 000 hommes qui devait tirer toutes ses ressources des magasins de Smolensk, ce qui portait à près de 50 ou 60 000 rations à fournir journellement dans cette ville saccagée et au milieu d'un pays insurgé.

Napoléon, toujours appliqué à prendre les mesures qui pouvaient assurer le succès de ses entreprises, n'oubliait jamais de prescrire tout ce qui était possible, mais y ajoutait souvent aussi des impossibilités. Il avait compris que Smolensk était le pivot capital de toutes ses opérations sur le sol russe et il avait laissé le colonel Hulot[3] avec un détachement de cavalerie d'un millier d'hommes pour parcourir les campagnes du côté du Mstislaw[4] et le cours de la Kmora, habitée par des anciennes populations polonaises moins hostiles que celle du gouvernement de Smolensk ; cet officier, beau-

---

[1] Joseph Barbanègre (1772-1830), général de brigade en 1809, s'est illustré par sa bravoure lors du passage du Niémen.
[2] À vrai dire, le siège s'est déroulé en 1815. Durant deux mois, Barbanègre tient tête avec 135 hommes à l'armée de l'archiduc d'Autriche forte de 20 000 hommes. La place forte n'ouvre ses portes qu'à la suite de l'abdication de Napoléon Ier en 1815.
[3] Blessé à Austerlitz, nommé colonel en 1808, faisant la guerre d'Espagne en tant que premier aide de camp de Soult, Étienne Hulot (1774-1850) commande l'avant-garde du 4e corps en Allemagne avec le grade de général de brigade en août 1812. Il est nommé inspecteur d'infanterie en 1819, inspecteur général en 1821 et général de division en 1825.
[4] Actuellement ville du Belarus proche de la frontière russe.

frère du général Moreau[1], amputé d'un bras à la bataille de Wagram, était d'une activité et d'un courage éprouvés ; il faisait des miracles pour envoyer des farines ou du grain. Cela aurait suffi à la consommation journalière, mais après l'arrivée du corps du duc de Bellune, on avait grand-peine à suffire et aucune réserve n'était possible.

Heureusement pour moi, le général de division Charpentier[2] vint prendre le commandement supérieur de toute la contrée entre Smolensk et Moscou, et me délivra ainsi d'une responsabilité qui m'effrayait. Mais, plus heureux avec lui qu'avec le satrape Hogendorp, je n'eus que les rapports les plus agréables ainsi qu'avec le duc de Bellune[3] et son chef d'état-major.

Entraîné par mon récit, j'ai omis de citer deux incidents survenus dans mon trajet de Vilna à Smolensk et que je dois rappeler. Le premier, c'est qu'ayant appris à Molodeczeno qu'il existait une route passable et bien plus courte pour aller à Orcha[4] que celle de Minsk, j'avais chargé mon aide de camp Pont-Bellanger d'aller de Molodeczeno directement à Borisov ou même à Orcha en le faisant accompagner par deux de mes dragons bavarois. Il reconnut cette route et traversa la Bérézina à un gué et un bac établis à Wesselovo, ce qui me paraissait important en cas de retraite et eut en effet son intérêt.

---

[1] Lieutenant-colonel (1791), général de division (1794), commandant en chef de l'Armée du Rhin (1796), Jean Victor Marie Moreau (1763-1813) est un opposant aux sympathies républicaines à Napoléon Ier, qui le fait condamner à deux ans de prison et rayer des listes des cadres de l'armée française (1804). Parti vivre en Pennsylvanie, Moreau apprend la débâcle de la Grande Armée en Russie. Il rejoint alors l'état-major des alliés coalisés dans le but d'établir une république en France après la chute de l'Empereur français. Lors de la bataille de Dresde du 27 août 1813, un boulet lui fracasse le genou. Moreau meurt six jours plus tard des suites de ses blessures. Louis XVIII le fait maréchal à titre posthume.
[2] Général de division, Henri François Marie Charpentier (1769-1831) est le chef de l'état-major du corps commandé par Eugène de Beauharnais en Russie. Après avoir pris Smolensk, Napoléon Ier le nomme gouverneur des provinces conquises. À la fin 1812, il devient le chef d'état-major de Davout. Ayant rejoint les Bourbons en 1814, il se rallie à l'Empereur lors des Cent-Jours avant d'être rayé des listes par Louis XVIII à la seconde Restauration.
[3] Tambour (1781), adjudant (1792), général de brigade (an II), Claude-Victor Perrin (1764-1841), dit Victor, devient ministre plénipotentiaire auprès du roi du Danemark (an XIII), chef d'état-major général du 5e corps de Lannes (1806), maréchal d'Empire (1807), duc de Bellune (1808). Lors de la campagne de Russie, Victor commande le 9e corps, qui forme l'arrière-garde lors de la débâcle de la Grande Armée. Ses soldats contiennent les Russes du côté oriental de la Bérézina. Faisant allégeance aux Bourbons, leur restant fidèle lors des Cent-Jours, Bellune est nommé major-général de garde royale (septembre 1815), puis ministre de la guerre (1821-1823). Votant la mort de Michel Ney (1815), il ne prête pas serment à Louis-Philippe, qui l'exclut alors de la chambre des pairs (1830).
[4] Intégrée à l'Empire russe en 1776, la ville d'Orcha a été détruite par la Grande Armée en 1812. De nos jours, elle se situe au nord-est du Belarus, à 70 kilomètres de Vitebsk. Voir : CHAPPET, Alain ; MARTIN, Roger ; PIGEARD, Alain : « Orcha », *Op. cit.*, p. 793.

Le second incident, c'est qu'en arrivant à Krasnoïe, j'y trouvai le colonel de Marbeuf[1], officier d'ordonnance de l'Empereur, qui avait une blessure grave au genou. Il m'apprit qu'il venait de recevoir de Monsieur de Caulaincourt la nouvelle et le bulletin de l'incendie de Moscou[2] par les Russes eux-mêmes. D'après les idées que j'avais émises déjà à Berlin en 1806 sur ces guerres lointaines au milieu de l'hiver, on peut se figurer quelle fut mon opinion sur ce terrible événement. Je dis au colonel : – « C'est peut-être un bonheur, car j'espère que l'Empereur n'aura pas manqué d'évacuer immédiatement Moscou pour revenir au projet qu'il avait émis à Vilna. » – « Non pas, me dit M. de Marbeuf, il a quitté Petrosky pour rentrer à Moscou et parle d'y passer l'hiver. »

Je quittai le colonel très inquiet lui-même et décidé à braver les dangers du voyage avec sa douloureuse blessure pour se retirer en Allemagne et, de mon côté, je partis pour aller au-devant de la catastrophe en prenant le commandement de Smolensk, sous le général de division Charpentier, ainsi que je l'ai déjà dit.

La première moitié du mois d'octobre se passa assez paisiblement, sauf quelques incursions des partisans russes sur la route entre Moscou et Viazma[3], on n'apprenait rien des affaires, on parlait de négociations entamées, mais on n'y ajoutait pas grande confiance.

Dès le milieu d'octobre, des symptômes menaçants se produisirent de toutes parts : au sud de Moscou, Koutousov[4] surprenait Murat à Taroutino et lui causait une perte d'autant plus sensible que notre cavalerie était déjà la moitié à pied. Sur la Dvi-

---

[1] Né en 1786 à Bastia, fils du comte de Marbeuf qui lutta contre Paoli, Laurent François Marie Marbeuf, baron d'Empire en 1809, est officier d'ordonnance de Napoléon Ier. Colonel du 6e régiment de chevaux-légers en 1812, il meurt à Mariampol des suites des blessures reçues à la bataille de Krasnoïe.
[2] Napoléon Ier était entré à Moscou le 14 septembre et quitte la ville en flammes le 19 octobre. Dès lors, 200 000 soldats de la Grande Armée sont privés d'abris durant ce rude hiver. L'Empereur français doit alors ordonner la retraite. Dans son *Précis politique et militaire des campagnes de 1812 à 1814*, Jomini fait remarquer que « l'état de somnolence et d'illusions dans lequel Napoléon semblait se complaire devait avoir un terme et le réveil fut terrible. Le temps strictement nécessaire pour recevoir une réponse de Pétersbourg était passé depuis plusieurs jours ; la saison s'avançait ; il était évident qu'on ne voulait pas la paix » (p. 158).
[3] Une bataille s'y déroulera le 3 novembre 1812. Cette victoire russe coupe les forces de Davout du reste de la Grande Armée. Actuellement, la ville se situe dans l'*oblast* de Smolensk.
[4] Mikhaïl Illarionovitch Golenichtchev-Koutousov (1747-1813) reçoit le commandement en chef des forces russes lors de l'invasion française de 1812. Il applique la politique de la terre brûlée entre le Niémen et Moscou.

na, Wittgenstein, renforcé par le corps de Finlande, repoussait Oudinot de Polotsk[1] sur Czercia et forçait le corps de Bellune à aller à son secours. Sa présence à Smolensk fut bien remplacée par l'arrivée de la division Baraguey d'Hilliers[2] venue de France, mais elle ne s'y arrêta guère. Napoléon s'était enfin décidé à quitter Moscou le 19 octobre avec l'intention de prendre la route de Kalouga. On sait par quel incident il en fut empêché et contraint de reprendre la route ravagée de Smolensk où il arriva le 9 novembre.

Je ne raconterai pas ici cette terrible épopée nommée la retraite de Moscou que j'ai esquissée dans mon *Précis politique et militaire* déjà souvent cité[3].

Les premiers avis que nous eûmes de l'approche de l'ouragan nous parvinrent du colonel Hulot qui fut inquiété par les partisans précédant la grande armée de Koutousov arrivant par la route de [?] à Élina sur le flanc de nos longues colonnes.

La division Baraguey d'Hilliers, surprise dans les cantonnements, eut la brigade Augereau presque entièrement enlevée à Liakovole. L'ouragan s'approchait à grands pas.

Mon commandement de Smolensk au milieu de l'armée qui ne pouvait s'y arrêter qu'un ou deux jours devenait une nullité. Cédant mon logement au prince de Neuchâtel, je lui signalai l'importance de s'assurer des ponts d'Orcha (cette ville dépendant de mon commandement).

Le prince, ayant communiqué ma lettre à l'Empereur, me donna l'ordre de remettre le commandement de Smolensk et de partir sur le champ pour Orcha afin de prendre les mesures pour assurer le passage du Dniepr.

En arrivant à Krasnoïe, avec la troupe assez nombreuse des cavaliers démontés qui accompagnait le général Sébastiani, nous fûmes attaqués assez à l'improviste par un corps léger russe (commandé, je crois, par Ozarowsky, aide de camp de l'Empereur) qui faillit nous enlever. Son infanterie était déjà maîtresse du faubourg,

---

[1] Lors de la bataille de Polotsk qui s'est tenue les 17 et 18 août 1812, les forces russes de Pierre Wittgenstein prennent le dessus sur celles d'Oudinot, entravant dès lors leur progression sur Saint-Pétersbourg.
[2] Louis Baraguey d'Hilliers (1764-1813), condamné et emprisonné à plusieurs reprises, commande une division du 9e corps d'armée de Victor. À la suite de ses échecs répétés, il est suspendu de ses fonctions pour être jugé à Berlin.
[3] JOMINI, Antoine-Henri : *Précis politique et militaire des campagnes de 1812 à 1814. Extraits des souvenirs inédits du général Jomini*. Lausanne, B. Benda, 1886, pp. 158-207.

quand la générale battit et nous eûmes à peine le temps de nous réunir dans l'église pour organiser une résistance grâce à la présence d'esprit de Sébastiani et surtout à un détachement de la vieille garde envoyé pour le logement du quartier général, l'ennemi fut repoussé avec perte[1].

Cette échauffourée, ainsi que deux jours de sanglants combats qui eurent lieu peu après aux environs de cette ville entre l'armée de Napoléon et celle de Koutousov, fut le résultat du système de poursuite adopté naturellement par les Russes à la suite de l'affaire de Taroutino, et qui, dirigé sur une ligne parallèle à la ligne de retraite des Français au lieu de les suivre en queue, procurait à Koutousov les moyens de tomber avec le gros de ses forces tantôt sur un corps d'armée, tantôt sur un autre.

Pour mon compte, j'avais dès le lendemain continué ma route sur Orcha[2] où m'appelait ma mission. Ce fut ici seulement que nous apprîmes que l'armée russe, venant du Danube après la paix conclue avec la Turquie, était arrivée à Minsk où elle s'était emparée des précieux magasins préparés. La garnison s'était retirée sur la tête de pont légèrement fortifiée de Borisov où la division Dombrowski[3] employée au blocus de la forteresse de Bobruisk[4] vint la joindre.

Le cas était des plus graves ; dès que l'Empereur fut arrivé, je lui adressai une note par le prince de Neuchâtel signalant le danger auquel s'exposerait l'armée si elle voulait forcer le passage par la route de Borisov sur Minsk, traversant d'immenses forêts où l'on ne trouvait pas même un brin de paille, ayant été ravagées par deux armées, mais où l'on trouvait en échange vingt grands marais ou cours d'eau traversés par des ponts où une brigade, avec une batterie de 10 pièces, arrêterait une armée entière pendant un jour. J'informai S.M.[5] que j'avais fait reconnaître une autre route

---

[1] L'action se déroule le 14 novembre 1812.
[2] Jomini arrive à Orcha le 18 novembre (rive droite du Dniepr).
[3] Jean-Henri Dombrowski (1755-1818) est un général polonais servant dans les armées françaises depuis 1795. Durant la campagne de Russie, il se trouve à la tête de l'une des trois divisions du 5e corps d'armée. Ses soldats couvrent le 26 novembre 1812 les ponts de la Bérézina. À la chute de Napoléon Ier, il est appelé par le tsar à réformer l'armée polonaise, puis est nommé sénateur palatin. L'hymne national polonais lui rend hommage, rappelant l'engagement de la Légion polonaise lors de la campagne d'Italie de 1797.
[4] La ville se situe de nos jours dans la partie orientale du Belarus, à 200 kilomètres environ de Minsk.
[5] Le 19 novembre, Jomini intervient auprès de Napoléon Ier pour le dissuader d'emprunter la route menant de Borisov à Minsk.

plus courte[1], moins ravagée, offrant seulement un ou deux passages difficiles et conduisant plus directement de Borisov à Molodeczeno. Une heure après, le prince me fit appeler, m'ordonna d'aller rejoindre sans délai le général Éblé[2], commandant les équipages de ponts qui recevrait l'ordre de se conformer à mes renseignements. Je rejoignis ce général au bivouac en avant d'Orcha à l'entrée de la nuit et nous marchâmes le lendemain sur Toloczin[3] où nous arrivâmes par un beau temps qui succédait malheureusement à une gelée de 20 jours ! Je dis malheureusement, car le dégel qui s'en suivit augmentait les difficultés du passage de la Bérézina[4] ; si le froid eût au contraire redoublé, l'armée aurait pu la franchir sans ponts. Mais hélas ! la position générale était si affreuse que cet avantage n'eût guère changé les résultats.

En effet, nous apprîmes à Toloczin la fatale nouvelle de la perte de Borisov[5] : si l'apparition de l'armée de Turquie avait forcé Dombrowski à se replier sur les retranchements de cette ville, on espérait du moins qu'il y tiendrait jusqu'à l'arrivée de l'armée et de l'Empereur, et sauverait[6] ainsi le pont qui semblait le seul salut de l'armée.

Vain espoir, la tête de pont avait été prise d'assaut et les Russes, maîtres du pont, avaient poursuivi les Polonais jusque sur la route de Bobr. Je rédigeai à la hâte une note pour indiquer à S.M. qu'il existait un gué à Wesselovo à 2 ou 3 lieues au-dessus de Borisov conduisant droit par Zembin[7] à Molodeczeno[8], ce qui pouvait éviter l'entreprise terriblement aventureuse de forcer le passage à Borisov même, en pré-

---

[1] Jomini, alors gouverneur de Smolensk, avait fait reconnaître la route par son aide de camp, Pont-Bellanger.
[2] Nommé commandant en chef des équipages de pont de la Grande Armée le 7 février 1812, Jean-Baptiste Éblé (1758-1812) est chargé de la construction de deux ponts de bateaux sur la Bérézina, le général Chasseloup s'occupant du troisième. Il n'hésite pas à se jeter à l'eau pour l'exemple. Devenu commandant en chef de l'artillerie de la Grande Armée à la mi-décembre, il meurt une dizaine de jours plus tard, le 31 décembre.
[3] Ville située entre Orcha et Borisov. Voir : CHAPPET, Alain ; MARTIN, Roger ; PIGEARD, Alain : « Toloczin », *Op. cit.*, p. 793.
[4] Rivière située à 75 kilomètres à l'est de Minsk. Voir : CHAPPET, Alain ; MARTIN, Roger ; PIGEARD, Alain : « Bérézina (La) », *Op. cit.*, p. 793.
[5] Tchitchagov a pris le pont de Borisov.
[6] Napoléon Ier est entouré par les armées de Koutosov, Tchitchagov et Wittgenstein. La situation devient réellement préoccupante.
[7] Région marécageuse se situant au nord-ouest de Borisov. Voir : CHAPPET, Alain ; MARTIN, Roger ; PIGEARD, Alain : « Zembin », *Op. cit.*, p. 794.
[8] La localité de Molodeczeno est située à 80 kilomètres au nord-ouest de Minsk. Voir : CHAPPET, Alain ; MARTIN, Roger ; PIGEARD, Alain : « Molodeczeno », *Op. cit.*, p. 795.

sence d'une armée fraîche, intacte, abondamment pourvue de munitions et récemment victorieuse.

L'Empereur n'était pas encore arrivé, et n'ayant aucun moyen de lui envoyer ma lettre, je l'emportai à Bobr où le quartier général nous joignit le lendemain et où je me hâtai de la faire remettre. Au bout d'une demi-heure, l'Empereur me fit appeler[1]...

Ah ! le souvenir de cette journée ne pouvait manquer de se graver dans ma mémoire, sinon dans tous ses minutieux détails, du moins dans les faits essentiels. Je vais essayer de décrire cette entrevue.

En entrant dans une chambre plus que modeste, je trouvai S.M. réunie avec Murat, le vice-roi et Berthier.

L'Empereur vint à moi d'un air affable, mais calme et sérieux. Il me dit : « Je vous remercie de vos renseignements ; la position est scabreuse, quand on n'est pas habitué aux revers, on les éprouve grands ; mais nous avons encore bon espoir, les ennemis sont divisés, je vais manœuvrer comme en Italie, tomber d'abord sur Wittgenstein[2], puis me rabattre ensuite sur Koutousov. Qu'en dites-vous ? »

Je représentai à Sa Majesté que la manœuvre exécutée avec une armée intacte, quoique inférieure, dans un pays comme l'Italie ou l'Allemagne, serait d'un succès assuré, mais dans l'état où se trouvaient tous les corps de l'armée, au milieu des marais de la Lituanie ravagée par deux grandes armées où l'on périrait sans combattre si l'on s'y arrêtait, chaque journée employée en manœuvres hors de la ligne de retraite serait la perte inévitable de ce qui restait en état de servir[3]. L'Empereur répondit : « Eh bien nous verrons ; toujours faudra-t-il se débarrasser au moins de Wittgenstein qui pourrait inquiéter la route de Vilna. J'attends un général qui vient de chez le duc de Bellune afin de prendre un parti. »

---

[1] La rencontre se déroule le 23 novembre 1812 à Bobr.
[2] Napoléon Ier veut affronter Wittgenstein au nord, à Tchanicki, pour ensuite combattre Koutousov au sud après avoir effectué une jonction avec les troupes de Victor et celles provenant de Smolensk.
[3] Jomini déclare en effet qu'il ne faut pas songer à passer par Tchanicki. De plus, si l'armée de Napoléon Ier se dirige en direction de la basse Dvina, Koutousov aurait de grandes chances de rejoindre Tchitchagov. Les Russes atteindraient Vilna avant les Français.

Je me permis de faire observer qu'en allant dans la direction de Lepel pour chercher Wittgenstein, on se jetait dans une contrée marécageuse où l'on perdrait au moins deux ou trois jours sans être sûr de l'entamer[1].

L'Empereur me quitta pour aller examiner avec Berthier ses cartes étendues sur une table et y piquer ses épingles. Alors Murat s'approcha de moi, me prit par les deux côtés de mes favoris et me donna une accolade en me disant : « Merci, oh que vous avez bien fait, vous nous sauvez tous si vous le détournez de cette fatale idée. »

Sur ces entrefaites, le général Dode[2], envoyé par le duc de Bellune, était revenu ; il n'avait naturellement rien connu de ce que je viens de raconter : l'Empereur discuta seulement avec lui des chances que pourraient présenter une attaque contre Wittgenstein. Le général déclara autant qu'il m'en souvient que deux jours plus tôt, cela eût été possible, mais que Bellune ayant dû céder aux Russes la positions de Tchanicki, on ne pouvait les y atteindre que par des digues et à travers des obstacles laissant peu de chances de succès[3]. L'Empereur me dit ensuite : « Vous allez partir avec le général Éblé pour Borisov où vous trouverez le maréchal Oudinot. Vous vous entendrez avec lui sur le point où l'on devra exécuter le passage. Il en sera informé[4] ».

Sur ces entrefaites, le corps de ce maréchal, qui avait guerroyé avec l'armée de Wittgenstein sur la Dvina, étant en meilleur état que ceux qui revenaient de Moscou, avait reçu l'ordre d'Orcha de se porter sur Bobr où il nous avait précédés. Napoléon lui avait prescrit d'attaquer l'avant-garde de Tchitchagov[5] et de reprendre Borisov, ce

---

[1] À noter que l'historien Alain-Jacques Tornare s'interroge sur l'authenticité des informations rapportées par Jomini. De plus, dans son ouvrage paru en 2012, le professeur Jacques-Olivier Boudon n'évoque aucunement le rôle joué par Jomini dans l'épisode de la découverte du gué, l'attribuant plutôt au général Corbineau (BOUDON, Jacques-Olivier : *Op. cit.*, p. 180).
[2] Officier du génie ayant participé notamment aux campagnes d'Égypte, d'Allemagne, d'Espagne et de Russie, Guillaume Dode de la Brunerie (1775-1851) devient, sous la monarchie, pair de France, inspecteur général des fortifications, directeur supérieur honoraire des fortifications de Paris. Il reçoit le bâton de maréchal en 1847.
[3] Napoléon Ier empruntera donc la route indiquée par Jomini.
[4] Le général du génie Dode que j'avais nommé dans quelques brochures comme ayant assisté à cette entrevue, a contesté quelques-unes des particularités que j'avais indiquées. Cela n'est pas étonnant, puisqu'il n'est revenu qu'à la fin et n'a point entendu ma discussion avec Napoléon. Je jure n'avoir pas ajouté un mot à ce qui a été dit (note de Jomini).
[5] Nommé amiral et ministre de la marine en 1802, Pavel Vasilievitch Tchitchagov (1767-1849) est un amirateur russe de la France et un athée déclaré. Ses prises de position et ses convictions lui valent de solides inimitiés. Commandant en chef de l'Armée du Danube (1812), il prend part à la campagne de Russie. Il est accusé d'avoir laissé s'échapper Napoléon lors de la bataille de la Bérézina. Écarté par les cercles dirigeants russes en 1813, devenu citoyen britannique, il s'exile en France.

qu'il avait exécuté glorieusement, mais les Russes avaient brûlé le pont et restaient maîtres des retranchements sur la rive droite.

Arrivés le 25 novembre à Borisov, nous nous réunîmes à dîner chez le maréchal, son chef d'état-major Lorencez[1], le général d'artillerie Aubry[2], le général Éblé et moi. Il fut convenu :

1° – que l'on enverrait un bataillon du 83e ou 84e régiment qui était tout frais, en aval de Borisov, pour faire croire à Tchitchagov que l'on voulait passer vers Oucha ; tous les hommes isolés prendraient naturellement ce chemin et tromperaient ainsi l'ennemi ;

2° – à l'entrée de la nuit, le corps du maréchal se dirigerait au contraire en remontant la rivière jusqu'à Wesselovo où l'existence du bac et du gué m'avait été indiquée.

Le court dégel qui nous avait surpris à Toloczin avait fait place à un froid assez rigoureux et la lugubre scène que nous devions préparer n'était pas faite pour réchauffer le cœur et les sens engourdis dans cette marche nocturne. J'avais une toux assez forte depuis deux jours et un commencement de fièvre catarrhale[3]. Lorsque notre état-major arriva à Studianka[4], on trouva là un assez grand village, dont les maisons, toutes en bois, offraient des matériaux excellents pour construire à la hâte un petit pont provisoire pour mener un peu d'infanterie sur la rive gauche et protéger la construction du grand pont de chevalets que les pontonniers et sapeurs du génie devaient entreprendre car, hélas !, des magnifiques pontons existant lors du passage du Niémen, pas un seul n'avait pu suivre la retraite sur les routes glacées. Les généraux Aubry et Éblé étaient d'accord qu'il était prudent de s'arrêter et de se servir de ce que

---

[1] Beau-fils du maréchal Oudinot, Guillaume Latrille de Lorencez (1772-1856) servit durant les guerres de la Révolution et de l'Empire. Sergent (1791), major (1793), colonel (1805), général de brigade (1807), général de division (1813), il est nommé inspecteur général d'infanterie sous les Bourbons (1816-1826), puis intégré à la section de réserve de l'état-major général (1839).

[2] Sous-lieutenant (1792), capitaine (1793), colonel (1803), Claude Charles Aubry de la Bouchardie (1773-1813) participe aux guerres de la Révolution, ainsi qu'aux campagnes de Prusse (1806) et de Pologne (1807). Général de brigade (1805), cet artilleur est nommé par Napoléon Ier directeur de l'école d'artillerie d'Alexandrie (Italie), avant de participer à la campagne de Russie en commandant l'artillerie du 2e corps, puis du 11e corps. Prenant part à la construction du pont de la Bérézina, Aubry est promu général de division. Lors de la bataille de Leipzig, un boulet lui arrache les deux cuisses. Fait prisonnier, il meurt à la suite d'une amputation de la cuisse droite.

[3] Inflammation sérieuse combinant une forte sécrétion muqueuse et une exsudation albumineuse.

[4] Dans la nuit du 25 au 26 novembre 1812.

l'on avait sous la main, tandis qu'en allant plus loin, on perdrait du temps sans trouver mieux. Le maréchal prit donc le parti de rester à Studianka[1]. N'ayant pas été par moi-même à Wesselovo, je ne pouvais combattre cet avis, malheureusement, car il n'y avait pas plus d'une demi-lieue et le bac et le gué existaient. Cependant, comme le mieux est souvent l'ennemi du bien, on pouvait croire que le parti adopté était le plus sûr.

On se mit donc vivement à l'œuvre. Les maisons de Studianka furent promptement transformées en planches et poutrelles. La brigade de cavalerie légère Corbineau[2] passa à la nage pour expulser les Cosaques, car le vrai gué n'était pas là : heureusement que la démonstration combinée les jours précédents pour attirer l'armée de Tchitchagov sur Oucha avait pleinement réussi[3], de sorte qu'il ne restait que le corps volant de Tchaplitz[4] entre Zembin et Borisov.

Napoléon arriva le 26 au matin un peu avant l'achèvement du petit pont ; dès qu'il fut prêt, les divisions du 2e corps franchirent la rivière, s'emparèrent du hameau de Brill, du plateau et de la forêt que traverse la route allant à Borisov afin de couvrir les colonnes traversant les ponts contre le retour auquel il fallait bien s'attendre de la part de Tchitchagov lorsqu'il aurait reconnu son erreur.

Le 26 au point du jour (8 heures) allait commencer ce terrible drame qui ira aux siècles les plus reculés sous le nom de passage de la Bérézina, drame à la fois héroïque, sanglant et affreux, dont l'histoire n'offre pas d'exemple.

L'avant-garde de Tchitchagov n'avait d'abord opposé qu'une faible résistance au 2e corps, mais l'amiral russe revenu de son erreur ne tarda pas à la soutenir ; la lutte

---

[1] Village bordant la Bérézina. Voir : CHAPPET, Alain ; MARTIN, Roger ; PIGEARD, Alain : « Studianka », *Op. cit.*, p. 795.

[2] Sous-lieutenant (1792), lieutenant adjudant-major (1801), chef d'escadron des chasseurs (1806), gouverneur de Grenade (1810), prenant part à toutes les campagnes des guerres de la Révolution et de l'Empire, Jean-Baptiste Juvénal Corbineau (1776-1848) commande la 6e brigade de cavalerie lors de la campagne de Russie. C'est lui qui, selon l'historiographie, a découvert le gué de la Bérézina. Promu général de division, il défend la place de Reims en tant que gouverneur (1814). Aide de camp de Napoléon Ier durant les Cent-Jours, Corbineau est mis à la retraite par les Bourbons. Sous Louis-Philippe, Corbineau est créé pair de France (1835) et fait arrêter le prince Louis-Napoléon Bonaparte (1840).

[3] Pour tromper Tchitchagov, un corps volant avait été envoyé au sud ; dans la nuit du 25 au 26 novembre 1812, les soldats d'Oudinot se dirigent quant à eux vers le nord, jusqu'au gué mentionné par Jomini.

[4] Eufemiusz Tchaplitz (1768-1825) a été nommé commandant du corps d'infanterie de la 3e armée russe en septembre 1812 et promu au grade de lieutenant général en novembre. Il a conduit l'avant-garde de l'armée de l'amiral Tchitchagov à la bataille de la Bérézina, combattu les Français à Borisov le 26 novembre et pris Vilna deux jours plus tard.

se prolongea dans la soirée jusqu'aux environs de Starkov avec une grande énergie. Dans ces entrefaites, les corps français venant successivement de Bobr ou de Borisov se rapprochaient des ponts et le duc de Bellune portait la division Partouneaux[1] sur Borisov et se dirigeait avec les deux autres sur Studianka et [?] pour couvrir la retraite[2]. Je n'avais pas quitté l'Empereur de la journée, mais, vers le soir, et durant la nuit, l'inflammation des bronches avait redoublé, et j'étais sérieusement menacé le 27 au matin au moment où il aurait fallu toute l'énergie et les forces de la jeunesse[3]. Le combat prit en effet une tournure menaçante sur la rive droite, où le maréchal Oudinot eut à soutenir les efforts des troupes fraîches et reposées de Tchitchagov ; la lutte fut des plus vives. Le maréchal Oudinot et le général Legrand[4] [ont été] blessés, mais l'arrivée du maréchal Ney avec les débris de son 3ᵉ corps et une petite division polonaise vint à propos assurer le succès. Se mettant lui-même à la division de cuirassiers d'Ornaro[5], il chargea au milieu des bois sur cette vieille infanterie russe aguerrie contre la cavalerie turque et fit deux mille prisonniers.

Hélas, pendant ces brillants exploits, je gisais étendu sur la paille en proie à une violente fièvre accompagnée de délires et d'une prostration complète. Au point du jour, je n'avais pas sentiment de ce qui se passait[6]. En démolissant le village, on avait conservé deux maisons pour l'Empereur et le prince de Neuchâtel, la troisième était réservée pour le général Éblé et moi, mais dès le 27, l'Empereur et le prince étaient venus s'établir sur la rive droite de la Bérézina au hameau de Brill, et dans la nuit, le

---

[1] Commandant de la 12ᵉ division du 9ᵉ corps de la Grande Armée.
[2] La Grande Armée franchit le pont entre le 26 et le 28 novembre 1812.
[3] Jomini, né en 1779, avait alors 33 ans.
[4] Ayant pris part aux guerres de la Révolution, le général Claude-Juste-Alexandre Legrand (1762-1815) est connu pour ses actions héroïques lorsqu'il se trouvait à la tête de l'arrière-garde du 2ᵉ corps. Alors que la situation était critique lors de la bataille de Kliastitsy (30 juillet au 1ᵉʳ août), il se précipite sur les Russes et fait 2 000 prisonniers. Il force le passage de la Bérézina sous le feu de l'ennemi. Il meurt des suites de la blessure subie lors de cette bataille.
[5] Philippe Antoine d'Ornaro (1784-1863), commandant de la 16ᵉ brigade de cavalerie légère, est promu général de division (septembre 1812) à la suite de la bataille de Smolensk. Il dirige par la suite la division légère du 4ᵉ corps. Blessé à la bataille de Krasnoïe (novembre 1812), il rentre à Paris et devient colonel des dragons de la garde impériale. Se ralliant à Napoléon Iᵉʳ, son cousin, lors des Cent-Jours, il s'exile à sa chute en Angleterre, puis en Belgique. Il y épouse Marie Walewska (septembre 1816), la maîtresse de l'Empereur déchu. Prenant part à la répression de Vendée (1832), il soutient par la suite le coup d'État de Louis-Napoléon Bonaparte du 2 décembre 1851. Il devient sénateur dès 1852, gouverneur des Invalides et est fait maréchal de France (1861).
[6] JOMINI, Antoine-Henri : *Précis politique et militaire des campagnes de 1812 à 1814. Extraits des souvenirs inédits du général Jomini*. Lausanne, B. Benda, 1886, pp. 195-196.

général Éblé partit de la chambre que nous habitions en commun, sans me prévenir, soit qu'il me considérât comme hors d'état d'être transporté, soit qu'il eût été froissé de ce que l'Empereur m'eût en quelque sorte chargé de le diriger dans le choix des points du passage.

Quoiqu'il en soit, c'était certainement une mauvaise action que de m'abandonner sans même m'en informer ; mon aide de camp, M. Pont-Bellanger, ayant rencontré le général Grouchy qui était venu dans la maison, profitant de son titre d'allié à la famille de ce général, se laissa emmener par lui, de sorte que je me trouvai seul avec mon autre aide de camp, le capitaine Fivaz (mon beau-frère)[1].

Le 28 au matin, la bataille devint générale sur les deux rives. On se rappelle que le duc de Bellune, replié sur Czereya, avait été destiné à couvrir la marche des colonnes revenant de Moscou et la route de Vitebsk[2] à Vilna : dès que le passage avait été résolu aux environs de Borisov, il avait reçu la mission de faire occuper cette ville par une division et de diriger les deux autres vers la route de Belosi pour couvrir le passage contre Wittgenstein ; il était venu le 27 dans ces positions. De leur côté, les trois armées russes avaient concerté un mouvement général pour le 28. L'avant-garde de Koutousov sous Miloradovitch[3] et Yermolov[4] avait joint Tchitchagov vers Borisov, et Wittgenstein pour atteindre le même but se rapprochait de la route de Bobr par Kostriza et Lochuiza.

---

[1] M. Fivaz, qui avait épousé ma sœur aînée en 1796, était officier des gardes suisses en Hollande licenciés en 1795. Ayant une nombreuse famille, il s'était laissé entraîner par ma mère à rentrer au service, après 15 ans d'interruption, comme simple capitaine dans un régiment suisse au service de France. Il s'en repentait si fort que l'on me contraignit pour ainsi dire à le prendre pour aide de camp. C'était une grande folie pour tous les deux (note de Jomini).
[2] La ville de Vitebsk avait été prise le 24 juillet 1812 par Napoléon Ier. De nos jours, elle est située dans la partie la plus septentrionale du Belarus, à 22 kilomètres de Minsk et 474 kilomètres de Moscou.
[3] Le comte Mikhaïl Andreïevitch Miloradovitch (1771-1825), général d'infanterie (1810), participe à la bataille de Borodino, retarde l'occupation de Moscou par la Grande Armée, est victorieux à l'issue de la bataille de Viazma et poursuit sans relâche la Grande Armée lors de sa retraite. Promu gouverneur de Saint-Pétersbourg (1818), il est tué par le décabriste Piotr Kakhovski.
[4] Alexis Yermolov (1777-1861) est promu lieutenant général le 12 novembre 1812. Servant sous les ordres du général Miloradovitch, il participe aux batailles de Maloyarolavets, Viazma et de Krasnoïe. Promu général d'artillerie, caractérisé par sa brutalité, Yermolov devient le commandant en chef des forces russes en Géorgie. Érigeant la forteresse de Groznaïa (1818) et fondant Grozny, arrivant à pacifier les tribus locales, ambassadeur en Perse durant 10 ans, il doit abandonner ses fonctions (1827) à la suite de la nomination du général Paskevitch, aide de camp du tsar, investi commandant pour lutter contre les Perses. Il retrouve toutefois son rang (1831) et siège au Conseil d'État.

Ainsi, 30 000 hommes séparés sur les deux rives d'un fleuve, affamés et traqués à 500 lieues de leur pays par trois armées qui comptaient au moins 100 000 combattants pourvus de tout, coupés de leur ligne de retraite, semblaient des victimes vouées à la captivité ou à la mort.

Si l'on avait eu le bonheur de tromper Tchitchagov le 29 par la fausse démonstration sur Oucha, il parut nécessaire de laisser la division Partouneaux à Borisov les 27 et 28, pour empêcher l'amiral de se jeter en force sur les troupes qui défilaient par le pont de Studianka ; ce fut un malheur. Dans la journée, le corps de Wittgenstein, marchant vers Bylo et Doubeno, vint ainsi couper la retraite à cette division, la mieux conservée de toutes celles qui avaient ouvert la marche. Une grande controverse s'est établie à la suite de la capitulation de cette division d'autant plus blâmée qu'un seul bataillon détaché sur la gauche était parvenu à rejoindre le corps d'armée de Bellune à Studianka, ce qui autorisait à croire que Partouneaux aurait pu en faire autant s'il l'eût fortement voulu. D'autres ont prétendu le justifier en disant qu'il s'était trompé de route à la sortie de Borisov en prenant trop à droite.

Quoi qu'il en soit, cet événement compromettait gravement le duc de Bellune, resté seul à la défense des ponts et des 30 000 traînards qui n'avaient pu passer tant que l'on se battait avec acharnement sur la rive droite ; aussi le triste résultat ne s'en fit pas longtemps attendre.

Tandis qu'une partie du corps de Wittgenstein achevait la capture de la division Partouneaux et des milliers de traînards qui s'étaient réfugiés vers elle, son chef d'état-major Diebitsch[1] dirigeait le gros de ses forces sur les hauteurs boisées qui règnent entre Borisov et Studianka. Le duc de Bellune repoussa ses premiers efforts, mais les renforts successifs arrivant aux Russes, ils finirent par pousser jusqu'à la hauteur qui plongeait sur le vallon où coulait la Bérézina et d'où l'on découvrait les ponts, ainsi que la nombreuse troupe de maraudeurs acculés près des ponts ; il y fit amener une batterie qui lança boulets et obus sur ces cohues. Un de ces boulets éclata sur la maison où j'étais gisant sur la paille grâce à l'inconcevable conduite du général

---

[1] Le comte Hans Karl Friedrich Antan von Diebitsch und Narden (1785-1831), général russe, a notamment combattu à Austerlitz (1805), Eylau et Friedland (1807) et Dresde (1813). Il commande les troupes russes lors de la guerre de Pologne de 1831.

Éblé et y mit le feu. Réveillé en sursaut par cette étrange visite, je compris, malgré mon état de prostration fiévreuse, qu'il fallait une grande résolution pour me tirer de là. Saisissant une demi-bouteille de vin de quinquina[1] dont j'avais une petite provision depuis la guerre d'Espagne, j'en avalai la plus grande partie, puis m'élançant hors de la maison en flammes, je pris le bras de mon beau-frère d'un côté et de mon bon domestique Liébart de l'autre, et nous prîmes le chemin du grand pont. Mais à peine avions-nous fait un pas hors de la maison que nous fûmes enveloppés par les milliers de maraudeurs qui se précipitaient vers les ponts pour échapper aux projectiles russes, sans s'inquiéter s'ils allaient aux ponts ou à la rivière. Ceux qui se trouvaient heureusement en face de la culée[2] des ponts se sauvaient, mais la masse compacte qui arrivait entre les deux ponts se trouvait entraînée et poussée à l'eau par ceux qui les suivaient. Je me trouvais dans cette malheureuse catégorie et tellement enlevé par la foule que j'arrivai dans l'eau sans avoir pris pied. Je me trouvai néanmoins par une circonstance heureuse assez près des piles du grand pont et derrière un cuirassier monté sur un des petits chevaux de paysan qu'il avait pris pour porter son bagage. Grâce à la réaction nerveuse que l'obus, l'incendie et le vin de quinquina avaient produite, je m'élançai sur le petit cheval du cuirassier et, appelant en allemand un sous-officier du bataillon badois qui passait en ce moment le grand pont, il me tendit son fusil, dont je saisis la crosse, et me hissai avec son aide sur le tablier du pont, où je restai étendu quelques moments sans avoir conscience de ce qui arrivait. Ce bataillon badois[3] avait séjourné à Smolensk pendant que j'y commandais. Peut-être ce sous-officier me reconnut-il, malgré mon accoutrement, peut-être aussi vit-il à mon chapeau que j'étais général. Ce qui est certain, c'est qu'il me sembla reconnaître sa figure qui resta longtemps après gravée dans ma mémoire. Ce brave garçon, devant suivre son régiment sans s'arrêter, ne put pas même recevoir mes remerciements, car je restai là, étendu, tandis qu'il s'en allait.

---

[1] Boisson ayant comme ingrédient principal la quinine, introduite en Europe au XVIIe siècle. Ce vin a été commercialisé au XIXe siècle en France.
[2] Partie supérieure d'un pont s'appuyant sur la rive pour soutenir le poids du tablier.
[3] Ce sergent appartenait certainement à la 25e division du 3e corps de Ney composée de soldats wurtembergeois. Selon Ferdinand Lecomte, biographe de Jomini, l'homme en question aurait été planton lorsque Jomini était gouverneur de Smolensk.

J'avais été séparé de mon aide de camp par la cohue et je ne le retrouvai plus qu'à Vilna. Quant à mon domestique, il avait eu le bonheur d'être traîné contre une pile[1] du pont, s'était accroché à un chevalet et s'était sauvé. Il vint me rejoindre sur le pont.

J'avais une pelisse en peau d'astrakan[2], trempée et ruisselante. Je grelottais et tremblais la fièvre. Il me donna le bras et me conduisit jusqu'au hameau[3] où était logé le prince de Neuchâtel (ou sa suite). On daigna me recueillir et, pour me sécher, on me hissa sur un de ces poêles russes qui servent à la fois de four pour faire la cuisine et de lit pour dormir. On y avait fait grand feu, non seulement pour chauffer la chambre, mais encore pour préparer le repas quelque modeste qu'il fût. On peut imaginer dans quel état je me trouvais après une telle crise, en proie à une fièvre violente et littéralement cuit au four.

Je n'avais sauvé de tout ce que je possédais que quelques pièces d'or dans une ceinture et un grand portefeuille que mon domestique portait en bandoulière, encore celui-ci fut-il bientôt séparé de moi. Mon palefrenier, mes chevaux et mon fourgon avaient disparu.

Étrange destinée ! S'il faut en croire les rapports russes, c'était surtout au général Diebitsch qui, plus tard, se déclarait le plus fervent de mes disciples, que j'étais redevable d'avoir été à moitié noyé, puisque ce fut lui qui amena la troupe russe et dirigea les batteries sur les ponts !

Je passai la nuit du 29 dans le plus déplorable état, ayant le délire, n'ayant rien mangé depuis 3 jours ; mon pauvre Liébart mourant lui-même de froid et de faim, après m'avoir déposé dans la maison du prince de Neuchâtel, avait dû s'occuper [de] rechercher mon aide de camp et mes chevaux, et de pourvoir à sa situation personnelle.

La suite du prince étant partie avant le jour, Liébart crut sans doute que j'étais parti aussi et je ne le retrouvai plus qu'à Vilna, ainsi qu'on va le voir. Mais, hélas !, j'étais encore loin de la fin de mes misères et des singulières vicissitudes qui venaient

---

[1] En ingénierie, le pilier.
[2] Fourrure de jeune agneau, transitant à l'origine par la ville russe d'Astrakan.
[3] En l'occurrence, le village de Brill.

de temps à autre à mon secours. Après que les ponts de la Bérézina eurent été brûlés, le 29 à 9 heures du matin[1], le maréchal duc de Bellune était venu se reposer de la terrible journée du 28 dans la maison même où l'on m'avait abandonné avec la fièvre et battant la campagne ; il était accompagné du brave général Chateau, son chef d'état-major, avec lequel je m'étais lié en 1808 à Berlin. Ils venaient prendre un repas bien modeste en fait, mais merveilleux pour les revenants de Moscou. Juché sur mon poêle, on ne m'apercevait pas, mais comme je parlais tout seul, Chateau me découvrit et s'approcha de moi, me reconnut, malgré mon étrange déguisement, appela le valet de chambre et l'aida à me descendre, puis m'invita à partager leur repas : c'était une oie transformée en pâté par son cuisinier et une bouteille de vin de Bordeaux achetée aux juifs de Polotsk.

J'avais la fièvre à tel point que, malgré ma diète forcée de trois jours, je ne pus accepter qu'un peu de vin.

Lorsque le duc dut partir et former l'arrière-garde sur la route de Zembin, il me fit monter dans sa calèche et prendre les devants. Mais à peine avions-nous fait une demi-lieue au milieu de la longue file qu'un détachement de Cosaques venant de l'armée de Tchitchagov ou de Platov[2] par la rive droite vint assaillir la colonne sur plusieurs points : la calèche se trouva au milieu d'eux ; le valet de chambre me fit descendre et on détela les chevaux. (La calèche fut sauvée, je crois, mais je ne saurais l'assurer). Je me traînai[3] jusqu'à deux pièces de canon, et montai sur une d'elles, mais le froid ne me permettait pas d'y rester, et un peu après, on les arrêta pour les mettre en batterie. Enfin, tantôt en marchant, tantôt en me mettant sur un caisson, je me trouvai à l'entrée de la nuit à Zembin et me réfugiai dans la première maison venue. Je me trouvai par grand hasard avec le maréchal Ney que je n'avais pas vu depuis notre déplorable séparation de 1809[4]. La position était bizarre, mais que pouvaient être de misérables griefs dans un cataclysme pareil ? Je reposai sur la paille dans la

---

[1] Le général Éblé avait donné l'ordre de brûler les ponts.
[2] Matveï Ivanovitch Platov (1751-1818), promu général de cavalerie (1809), commande les Cosaques sous les ordres de Bagration lors de la sixième coalition.
[3] La scène se déroule le 29 novembre 1812.
[4] La rupture entre les deux hommes résulte de ragots colportés selon lesquels Jomini, aide de camp de Ney, était son « souffleur » et lui indiquait la conduite à suivre sur le champ de bataille.

seule chambre de la maison et quelques heures après, je me remis en route pour Pleszczenitzy[1], car il importait surtout de dépasser le plus tôt possible Molodeczeno pour ne pas être [retenu] par les coureurs russes venant par la route de Minsk, car ce n'était guère qu'à Smorgoni que l'on pouvait se considérer comme sorti du cercle dans lequel on se trouvait enveloppé par les trois armées russes. Nous marchâmes donc presque jour et nuit et, le froid redoublant de jour en jour, le désastre grandissait à mesure. Le thermomètre était descendu jusqu'à -32 degrés : je serais embarrassé de dire comment je m'en tirai avec ma maladie très sérieuse des bronches, la fièvre et la faim ; je me souviens seulement qu'entre Pleszczenitzy et Molodeczeno, j'allai m'asseoir sur un cheval mort et gelé pour prendre quelque repos, [et] je fus fort surpris de m'y trouver en société avec le général duc de Plaisance[2], aide de camp de l'Empereur, qui était aussi affamé et aussi méconnaissable que moi par son accoutrement. Nous eûmes de la peine à garantir ce cheval gelé contre les maraudeurs armés de haches qui voulaient le dépecer pour le faire griller. Hélas ! depuis Smolensk, il y en avait beaucoup qui n'avaient pas d'autre nourriture. Au moment où nous allions céder notre siège tant envié, arriva un maraudeur qui avait conquis dans les villages hors de la route un grand pot de miel. Le duc et moi lui proposions de le lui acheter, mais il s'y refusa, disant qu'il voulait bien nous céder trois cuillerées à chacun, mais qu'il fallait aussi en réserver pour les camarades. Je lui payai trois ducats pour ses trois cuillerées et, [du fait de] mon mal de poitrine, jamais mets ne me parut plus délicieux.

Arrivé le lendemain à Molodeczeno, la bonne fortune me fit tomber dans la même maison que mon ami Guilleminot, chef d'état-major du vice-roi d'Italie ; grâce au petit nombre d'hommes qui formaient les tristes débris de ce magnifique corps d'armée, il trouvait toujours quelques minces ressources, chose impossible pour tout personnage isolé, quels que fussent sa position et son titre. J'eus ainsi le bonheur de

---

[1] Ville située à 50 kilomètres au nord de Minsk.
[2] Charles-François Lebrun, duc de Plaisance (1739-1824), partisan de la monarchie éclairée, a été le troisième consul (1800-1804), en charge des finances. Prince-architrésorier de l'Empire (1804), il est nommé pair de France par Louis XVIII, mais accepte la charge de grand maître de l'université lors des Cent-Jours. Il est alors exclu de la pairie lors de la seconde Restauration.

partager avec lui et son aide de camp Trézel[1] une vingtaine de pois chiches que je n'ai jamais pu oublier. C'était mon premier repas depuis mon dîner de Borisov chez le maréchal Oudinot, car celui du 26 à Studianka n'était pas un repas.

Dans la marche sur Smorgoni[2], je rencontrai les équipages de pont du général Éblé ; le froid était si violent et ma fatigue si excessive que, malgré son inqualifiable procédé, je réclamai une place sur un caisson ; j'en profitai peu, car le froid était tel qu'il valait encore mieux marcher. J'étais appelé à une nouvelle épreuve : j'avais trouvé à acheter d'un soldat à Smorgoni un petit traîneau de paysan attelé d'un cheval microscopique tel que l'on n'en trouve qu'en Pologne ; je le payai au soldat à condition qu'il continue à conduire le traîneau jusqu'à Vilna. Nous nous remîmes en marche au milieu de la nuit (car on marchait de nuit pour être moins inquiété par les Cosaques). Le thermomètre était descendu à -33 degrés. Je m'endormis sur ce traîneau, et le soldat profitant de mon sommeil et redoutant d'avoir les mains gelées, décampa sans mot dire. Le cheval, n'étant plus excité, s'arrêta et j'allais peut-être comme tant d'autres m'endormir pour toujours, lorsque je fus secoué et réveillé par un immense gaillard qui me dit que j'allais mourir si je restais là et me proposa de me conduire, ce que j'acceptai avec force remerciements. C'était le tambour-major du régiment suisse de Castella ; il me dit qu'il était d'Orbe, avait connu mon frère et m'avait reconnu à ma ressemblance, ce qui était plus que douteux, car il n'y avait jamais eu de ressemblance entre nous, mais le service n'en fut pas moins signalé. Il me conduisit donc jusqu'à Osmiana, assez jolie ville pour une ville polonaise et juive, dont j'avais conservé un bon souvenir depuis le jour où j'avais quitté Vilna. Mais en y arrivant[3], nous la trouvâmes entièrement en flammes. Le froid était si atroce que les soldats ou maraudeurs y avaient tout simplement mis le feu. Dans les premières maisons en entrant sur la gauche, s'en trouvait une d'assez bonne apparence où mon tambour-major m'arrêta. Il me soutint jusqu'à la porte, et sur la demande qui lui fut

---

[1] Sous-lieutenant dans le corps des ingénieurs géographes (1803), aide-ingénieur géographe (1805), adjudant commandant (1813), Camille Alphonse Trézel (1780-1860) se rallie à l'Empereur lors des Cent-Jours. Promu maréchal de camp (1829), lieutenant général (1837), il devient ministre de la guerre (1847-1848).
[2] Smarhon, alors polonaise, devient russe en 1793. La ville se situe au nord-ouest de l'actuel Belarus, à moins de 50 kilomètres de la Pologne.
[3] Vraisemblablement entre le 4 et le 6 décembre 1812.

faite en français de ce qu'il voulait, il répondit qu'il demandait un asile pour moi. On ouvrit aussitôt ; c'était le général Sébastiani. Mon tambour m'ayant alors laissé, je tombai sur ce général que je faillis renverser. J'étais raidi par le froid et presque insensible. Je trouvai là réunis les généraux Marchand, Sébastiani, Lorencez, Barbanègre (celui que j'avais relevé à Smolensk). Ils m'offrirent l'hospitalité en me faisant partager le frugal repas préparé en commun, et m'apprirent que l'Empereur était parti pour la France. Grâce à leur accueil, je pus du moins espérer gagner Vilna le lendemain et j'y avais laissé d'assez bons souvenirs malgré le farouche Hogendorp pour regarder cette ville comme la terre promise.

Le lendemain [?][1] décembre, le général Barbanègre, qui avait conservé sa calèche, eut la complaisance de m'y donner une place, ce qui dans ma triste situation était... le salut ! Sans cela, Dieu sait ce que je serais devenu ; le froid avait plutôt augmenté que diminué, et le spectacle de la route d'Osmiana était aussi effrayant que celui de la noyade de la Bérézina : le chemin était à la lettre semé de corps endormis pour ne plus se réveiller ; nous comptâmes plus de 500 officiers de troupe ou d'administration étendus sans vie et nous n'allâmes pas jusqu'au bout. Comment était-il possible qu'il en fût autrement ?

J'avais laissé à Vilna un chef de bataillon en qualité de commandant ou major de place. Il me devait probablement la vie, car il n'était pas robuste et s'il eût été à Moscou, il est probable qu'il n'en serait pas revenu. Il me reçut naturellement à bras ouverts. Je restai deux jours[2] dans cette ville et en profitai pour recevoir ce qui m'était dû d'appointements depuis l'entrée en campagne, car le trésor[3] embarrassait et on payait avec empressement pour ne pas être forcé de l'abandonner à l'ennemi ; j'achetai deux chevaux et un grand traîneau, et retrouvai mon bon Liébart et le malheureux Fivaz qui avait deux doigts déjà atteints du gel.

Il n'y avait guère moyen de s'arrêter à Vilna bien qu'il y eut des magasins considérables ; l'armée était entièrement désorganisée. Depuis Orcha, déjà la moitié était réduite à une masse informe de maraudeurs de tous les régiments, de toutes les armes,

---
[1] Peut-être le 7 décembre 1812.
[2] Jomini atteint vraisemblablement Vilna le 8 décembre 1812.
[3] Il y avait encore 40 millions à disposition.

formant une mascarade inconcevable, chacun se couvrant contre le froid de peaux de mouton ou de tous les oripeaux imaginables. Les soldats qui avaient encore leur fusil les jetèrent dans ces trois journées où le froid [descendit][1] de -30 à -33 degrés ; cette masse d'affamés se précipita sur la ville, et surtout sur les magasins qui furent pillés et saccagés[2]. L'abondance même devint mortelle, car les pains à moitié cuits dont se bourrèrent les malheureux les étouffèrent ou leur causèrent des maladies dont ils ne se relevèrent pas. Vilna fut transformée en un vaste charnier où 20 000 cadavres furent trouvés dans les rues et les maisons.

Le [?][3] décembre au matin, j'allais me mettre en route quand la fusillade se fit entendre dans les faubourgs ; je savais que le vice-roi d'Italie était parti pour la hauteur de Ponary[4] où les débris de son corps, comptant à peine un millier d'hommes, devait se rallier. J'espérais le rejoindre, mais je me trouvai bientôt arrêté avec mon traîneau au pied de cette fameuse hauteur transformée par la gelée et le verglas en un véritable miroir de cristal sur lequel ni hommes, ni chevaux ne tenaient pied. Tout ce qui restait de voitures et celles même du trésor durent être abandonnées, et le trésor livré au pillage. Force fut d'abandonner mon traîneau et de monter un des chevaux de trait. À peine étais-je parti que les Cosaques se ruaient sur les milliers de voitures et sur celles du trésor. J'arrivai ainsi à califourchon sur un cheval harnaché pour la voiture près du vice-roi auquel je dis :

–Monseigneur, je viens offrir à votre Altesse le peu qui me reste de vie si je puis vous être bon à quelque chose ou une victime de plus.

–Partez bien vite, me répondit ce brave et digne prince ; je reste ici pour recueillir ce qui reste au maréchal Ney[5], et vous ne seriez pour moi qu'un embarras de plus...

Ce qui n'était, hélas ! que trop vrai, la fièvre ne me quittait guère et je crachais le sang avec une toux effrayante.

---

[1] Dans son manuscrit, Jomini avait écrit « où le froid s'éleva de 30 à 33 degrés ».
[2] MADELIN, Louis : *Histoire du Consulat et de l'Empire. La crise de l'Empire (1810-1811). L'Empire de Napoléon. La nation sous l'Empereur. La catastrophe de Russie.* Paris, Robert Laffont, 2003, tome 3, coll. « Bouquins », pp. 1011-1012.
[3] Certainement le 10 décembre 1812. Jomini ne précise pas la date dans ses souvenirs.
[4] Ponary se situe à 8 kilomètres au sud de Vilnius.
[5] Le corps de Ney forme l'arrière-garde.

Ma course jusqu'à Kowno fut signalée par deux incidents. Le premier, c'est que je rencontrai le général Guilleminot sur la route assis sur un bloc de rocher et en proie à une défaillance causée par la fatigue excessive et le froid ; j'avais acheté à Vilna une bouteille de Madère plus ou moins fabriqué, mais passable ; j'en avais rempli une gourde et fus très heureux d'en partager le contenu avec cet ami. Quelques heures après, je rencontrai en traîneau M. Benoît qui faisait partie de la chancellerie du duc de Bassano et m'avait connu à Vilna. Il me donna place à côté de lui et m'amena à Kowno, où je retrouvai le bon général Chateau, chef d'état-major du duc de Bellune qui n'avait plus de corps d'armée et, où grâce à l'argent que j'avais touché à Vilna, je pus acheter un nouveau traîneau d'un juif complaisant.

Pressé par la rapidité des événements, j'ai oublié de dire que j'avais retrouvé à Vilna le capitaine Tavel, mon cousin, que j'avais nommé commandant de place à Schawli[1] lorsque j'étais gouverneur de Vilna. Je le retrouvai à Kowno malheureusement pour moi.

La poursuite de l'armée russe, qui avait elle-même beaucoup souffert, ne s'était pas beaucoup ralentie, mais celle des Cosaques encouragés par le butin devenait incessante. On s'attendait que le Niémen gelé ne les arrêterait peut-être pas, mais dans tous les cas, il était à craindre qu'il n'y ait un grand encombrement au passage du long pont jeté sur le fleuve.

Pour éviter ce qui pourrait résulter d'une position assez semblable à celle du pont de la Bérézina, j'envoyai à onze heures du soir le capitaine Tavel avec mon traîneau pour l'attendre au point du jour à droite de la route au sortir du pont, et aussi près dudit pont que possible.

Nous partîmes à pied pour le joindre à 7 heures du matin, mais quelle fut ma stupéfaction lorsque je ne trouvai personne ! Je lui avais confié tout mon argent, à l'exception de l'or que j'avais sur moi dans une ceinture et mon grand portefeuille sauvé à la Bérézina. Mon infidèle et ingrat cousin, étant tombé malade plus tard, fut

---

[1] Siauliai, de nos jours en Lituanie, se trouve à 200 kilomètres au nord de Vilnius et à 142 kilomètres de Minsk.

admis à l'hôpital de Stettin[1] où il a prétendu qu'il avait déposé mon argent et mon portefeuille qu'on ne lui avait point rendus à sa sortie ; mais il n'avait pris aucune mesure pour justifier son assertion et m'a laissé des doutes sur sa bonne foi ; je m'en vengeai en 1813 par un bienfait.

Il ne me resta d'autre parti à prendre que de me jeter dans les bois qui couvrent la rive gauche du Niémen afin de rejoindre par Gumbinnen la route de Koenigsberg[2] et Dantzig où l'armée, disait-on, devait se rallier.

J'eus le bonheur de trouver dans un village au milieu de ces bois un traîneau bien attelé que je payai et parvins ainsi d'étape en étape jusqu'à Dantzig où j'espérais trouver le quartier général, mais j'appris qu'après le départ de l'Empereur pour la France, Murat avait pris le commandement avec Berthier comme chef d'état-major et s'était transporté à Varsovie. Que faire ? J'étais isolé, sans destination et le général Rapp[3], gouverneur de Dantzig, avait l'ordre de diriger sur Stettin tous ceux qui pouvaient marcher et ne faisaient pas partie de sa garnison qui allait être assiégée. Je partis donc pour Stettin en demandant les ordres de Sa Majesté.

J'avais retrouvé à Dantzig[4] mon malheureux beau-frère et aide de camp Fivaz que je n'avais fait qu'entrevoir depuis la Bérézina, mais dans quel état, mon Dieu ! Il avait cinq doigts des deux mains gelés et atteints de gangrène. Il préféra entrer à l'hôpital que de me suivre à Stettin. Il y subit l'amputation à ses deux mains et y mourut pendant le siège, six mois après, de la fièvre typhoïde ! Pauvre victime, si jamais il en fut ! Il avait assisté 18 ans auparavant à la bataille de Fleurus[5] comme offi-

---

[1] La ville de Stettin (Szczecin en polonais) est prussienne de 1720 à 1945. De nos jours, Stettin, située non loin de la frontière avec l'Allemagne, est la 7e ville de Pologne et son port, ouvert sur la Baltique, est le 3e du pays.
[2] Devenue capitale de l'Ordre teutonique au milieu du XVe siècle, appartenant au royaume de Prusse (1701-1871), puis à l'Allemagne, la ville de Koenigsberg est intégrée à l'URSS en 1946. Prenant le nom russe de Kaliningrad, la ville est devenue la capitale de l'*oblast* éponyme, région la plus occidentale de la Fédération de Russie.
[3] Participant aux guerres de la Révolution, Jean Rapp (1773-1821) devient l'aide de camp de Napoléon Bonaparte (1800 à 1814) et comte d'Empire (1809). Lors de la campagne de Russie, ce général de division est blessé lors des batailles de la Moskowa et de la Bérézina (en combattant dans l'arrière-garde de Ney). Se ralliant à l'Empereur lors des Cent-Jours, il est créé pair de France par Louis XVIII (1819) et devient l'année suivante premier chambellan et maître de la garde-robe.
[4] Selon le *Journal suisse* du 13 janvier 1813, Jomini aurait retrouvé Fivaz à Elbing, actuelle ville polonaise de Elblag, le 26 décembre 1812, et non pas à Dantzig.
[5] Bataille qui s'est tenue le 26 juin 1794 aux Pays-Bas autrichiens (actuelle Belgique) entre les coalisés (Angleterre, Autriche, Hanovre) et les soldats de la République française, victorieux.

cier d'ordonnance du prince Frédéric d'Orange ; licencié avec les gardes suisses en 1795, il avait épousé, comme je l'ai déjà dit, ma sœur aînée et avait huit enfant, lorsque après 15 ans de vie heureuse, on lui suggéra la fatale idée de rentrer au service comme capitaine et de se faire nommer [en tant que] mon aide de camp en débutant par la belle expédition de Russie. S'il était resté dans son régiment, il n'aurait probablement pas été plus heureux, car après la campagne et après les combats de la Bérézina, il n'en revint guère. Sa malheureuse destinée me toucha profondément ; je la comprenais d'autant moins qu'à l'âge de 42 à 44 ans, il était d'une santé aussi robuste que la mienne l'était peu ; que j'avais subi les mêmes fatigues, le même froid et la même faim que lui. Sans doute son moral était affecté par la pensée de sa nombreuse et intéressante famille. Il était abattu, s'arrêtait à tous les feux allumés sur la route pour réchauffer ses mains engourdies et, séparés comme nous le fûmes depuis le 28 novembre, je n'avais rien pu faire pour prévenir son malheur.

Le général Rapp, insistant pour que je ne restasse pas plus longtemps [afin de] me rendre à Stettin, je m'achetai une petite calèche en place du traîneau et partis en poste pour cette ville où je trouvai le général Grandeau[1], une de mes connaissances de Paris.

J'y reçus à ma grande surprise l'ordre[2] de partir en poste pour rejoindre l'Empereur à Paris ; j'avais toujours mon inflammation de poitrine, crachant le sang : il faisait -15 à -17 degrés de froid ; je n'en partis pas moins dans l'enchantement, car je savais que c'était une faveur toute particulière, puisqu'il y avait une défense expresse pour tous les individus de l'armée de passer le Rhin pour revenir en France. Le général d'artillerie Neigre[3] est, je crois, le seul qui ait partagé cette faveur. À quoi

---

[1] Lieutenant (1791), général de brigade (1803), Louis Joseph Grandeau (1761-1832) commande la 2e brigade de la 2e division du 3e corps de la Grande Armée du 18 juin 1811 au 24 août 1812, avant de devenir gouverneur de Smolensk le 24 août 1812. Sous les Bourbons, il est nommé inspecteur général d'infanterie (1816, et 1818 à 1820) et promu au grade de lieutenant général. En 1830, le roi Louis-Philippe Ier le fait intégrer la réserve de l'état-major.
[2] En date du 27 décembre 1812, Berthier écrit à Clarke que Jomini est convoqué par l'Empereur à Paris.
[3] Enfant de troupe (1780), capitaine (1793), Gabriel Neigre (1774-1847) est promu à la tête des parcs de l'artillerie de la Grande Armée à la veille de la campagne de Russie au cours de laquelle il devient maréchal de camp. Sous Louis-Philippe Ier, il est nommé commandant en chef de l'artillerie de l'Armée du Nord (1831), puis directeur du service des poudres et salpêtres (1839).

l'attribuer ? À mon entrevue de Bobr et à mes antécédents sans doute. Quelle serait ma destination future ? Dieu sait !

Malheureusement, ce voyage en poste acheva de me mettre à bas. J'arrivai à Chalons presque dans le même état où je me trouvais sur le four où l'on m'avait séché après le bain forcé pris dans la Bérézina ; j'étais si mal, que donnant tout mon argent à mon fidèle Liébart, je lui dis : « Mène-moi à Paris mort ou vif, sans [t']arrêter nulle part, quoiqu'il m'arrive dans la voiture. »

Il m'amena ainsi rue de Rivoli dans la première maison que le comte Alexandre de Laborde[1] avait fait construire pour servir de modèle à toute la rue[2]. J'étais tellement enflé de corps et de figure que j'avais peine à être reconnu par ma femme qui, depuis Smolensk, n'avait pas reçu de mes nouvelles. Dès le lendemain, le docteur Corona, envoyé par le bon Monsieur de Laborde, me fit saigner et consigner au lit, d'où je ne sortis que six semaines après, faible comme un revenant. Il m'était donc impossible de me présenter à l'Empereur et de lui demander ses ordres, et à peine fus-je en état de sortir qu'il fallut songer à repartir pour l'Allemagne en renouvelant de fond en comble tous mes équipages de campagne ; le rendez-vous du nouveau quartier général était à Mayence[3].

---

[1] Comte d'Empire, archéologue, Alexandre Louis Joseph, marquis de Laborde (1773-1842), dirige à cette époque le service des ponts et chaussées du département de la guerre.
[2] Jomini arrive à Paris à la fin janvier 1813.
[3] Jomini arrive à Mayence à la mi-avril 1813.

Campagne de Russie - Napoléon Ier et sa Grande Armée passent la Bérézina (1812). Gravures sur acier réalisées par B. Leubner, 1840.

Bibliographie

Source manuscrite

JOMINI, Antoine-Henri : *Recueil de souvenirs pour mes enfants*. [Passy, 1866], pp. 111-171, cahiers manuscrits, documents personnels.

Source imprimée

JOMINI, Antoine-Henri : *Recueil de souvenirs pour mes enfants*. [Passy, 1866], pp. 278-328, copie dactylographiée durant l'entre-deux-guerres. Le document se trouve dans les bibliothèques suivantes : Bibliothèque militaire fédérale, (Berne), Bibliothèque royale de Belgique (Bruxelles) et Bibliothèque nationale de France (Paris).

Ouvrages portant sur Jomini

BAQUÉ, Jean-François : *L'homme qui devinait Napoléon : Jomini*. Paris, Perrin, 1994.

CHUARD, Jean-Pierre (dir.) : *Ecrivains militaires vaudois : choix de textes et de documents*. Lausanne, Éditions Ovaphil S.A, 1975.

COLSON, Bruno : *La culture stratégique américaine : l'influence de Jomini*. Paris, Économica, 1993.

COURVILLE, Xavier de : *Jomini ou le devin de Napoléon*, préface de Jacques Bainville. Paris, Plon, 1935.

GUILLOT, Renée-Paule : *Jomini, âme double de Napoléon*. Paris, Alphée / Jean-Paul Bertrand, 2007.

JOMINI, Gladys ; JOMINI, Roger : *Jomini, 1779-1869. Conseiller de cinq empereurs, père de la pensée stratégique américaine*. [S.l., s.é.], 2001.

LANGENDORF, Jean-Jacques : *Faire la guerre : Antoine-Henri Jomini. Volume 1 : Chronique, situation, caractère*. Genève, Georg Éditeur, 2001.

LECOMTE, Ferdinand : *Le général Jomini : sa vie et ses écrits. Esquisse biographique et stratégique sur le général Jomini*. Lausanne, Imp. L. Corbaz & Comp. éditeurs, 1869.

[LECOMTE, Ferdinand] : *Le général Jomini : 1779-1869.* Payerne, Musée de Payerne, 1996, préface de Michel Roulin.

RAPIN, Ami-Jacques : *Jomini et la stratégie. Une approche historique de l'œuvre.* Lausanne, Payot, 2002.

SAINTE-BEUVE, Charles Augustin : *Le général Jomini.* Paris, Michel Lévy Frères, 1869.

TORNARE, Alain-Jacques : *Du major Davel au général Guisan. Illustres soldats vaudois dans le monde.* Bière, Cabédita, 2010.

Ouvrages portant sur Napoléon Ier et l'Empire

BAINVILLE, Jacques : *Napoléon.* Paris, Plon, 1931.

BOUDON, Jacques-Olivier : *Histoire du Consulat et de l'Empire.* Paris, Perrin, 2000, réédition coll. « Tempus », 2003.

DUFRAISSE, Roger ; KERAUTRET, Michel : *La France napoléonienne. Aspects extérieurs, 1799-1815.* Paris, Seuil, 1999, coll. « Nouvelle Histoire de la France contemporaine », n°H105.

GODECHOT, Jacques : *L'Europe et l'Amérique à l'époque napoléonienne (1800-1815).* Paris, PUF, 1987, coll. « Nouvelle Clio » n°37.

LEFEBVRE, Georges : *Napoléon.* Paris, Presses universitaires de France, 1969, coll. « Peuples et civilisations » XIV, 6e édition.

LENTZ, Thierry : *Napoléon. « Mon ambition était grande ».* Paris, Gallimard, 1998, coll. « Découvertes » n°361.

LENTZ, Thierry : *Napoléon.* Paris, Presses universitaires de France, 2003, coll. « Que sais-je ? » n°2358.

LENTZ, Thierry : *Nouvelle histoire du Premier Empire. II. L'effondrement du système napoléonien 1810-1814.* Paris, Fayard, 2004.

MADELIN, Louis : *Histoire du Consulat et de l'Empire. La crise de l'Empire (1810-1811). L'Empire de Napoléon. La nation sous l'Empereur. La catastrophe de Russie.* Paris, Robert Laffont, 2003, tome 3, coll. « Bouquins ».

TULARD, Jean : *Le Grand Empire, 1804-1815.* Paris, Albin Michel, 1982.

Ouvrages portant sur la campagne de Russie

BOUDON, Jacques-Olivier : *Napoléon et la campagne de Russie, 1812*. Paris, Armand Colin, 2012.

CHOFFAT, Thierry ; TORNARE, Alain-Jacques : *La Bérézina, Suisses et Français dans la tourmente de 1812*. Bière, Cabédita, 2012.

CURTIS, Cate : *1812, le duel des deux empereurs*. Paris, Robert Laffont, 1987.

JOMINI, Antoine-Henri : *Précis politique et militaire des campagnes de 1812 à 1814. Extraits des souvenirs inédits du général Jomini*. Lausanne, B. Benda, 1886.

MUHLSTEIN, Anka : *Napoléon à Moscou*. Paris, Odile Jacob, 2007.

REY, Marie-Pierre : *L'effroyable tragédie. Une nouvelle histoire de la campagne de Russie*. Paris, Flammarion, 2012.

THIRY, Jean : *La campagne de Russie*. Paris, Berger-Levrault, 1969.

Instruments de travail

CHAPPET, Alain ; MARTIN, Roger ; PIGEARD, Alain : *Le Guide Napoléon. 4 000 lieux pour revivre l'épopée*. Paris, Tallandier, 2005, coll. « Bibliothèque napoléonienne ».

FIERRO, Alfred ; PALLUEL-GUILLARD, André ; TULARD, Jean : *Histoire et dictionnaire du Consulat et de l'Empire*. Paris, Robert Laffont, 1995, coll. « Bouquins ».

GARROS, Louis ; TULARD, Jean : *Itinéraire de Napoléon au jour le jour*. Paris, Tallandier, 1992, rééd. 2002.

PALLUEL-GUILLARD, André : *Dictionnaire de l'Empereur*. Paris, Plon, 1969.

PIGEARD, Alain : *Dictionnaire de la Grande Armée*. Paris, Tallandier, 2002, coll. « Bibliothèque napoléonienne ».

TULARD, Jean (Ed.) : *Dictionnaire Napoléon*. Paris, Fayard, 2000, 2 volumes, 2e édition.

Chronologie de la campagne de Russie

19 janvier : prise de Ciudad Rodrigo (Espagne) par Wellington, futur premier ministre

8 février : Napoléon ordonne à la Grande Armée de se tenir aux abords de la Vistule

24 février : alliance entre l'Autriche et la Russie

8 avril : audience du prince Kourakine et ultimatum du tsar pour l'évacuation de la Prusse et de la Poméranie suédoise

9 mai : départ de Napoléon Ier de Saint-Cloud

22 juin : déclaration de guerre à la Russie

24-27 juin : franchissement du Niémen par la Grande Armée (près de Kowno)

28 juin-16 juillet : entrée et présence à Vilna

8 juillet : prise de Minsk par Davout

23 juillet : victoire de Davout à Mohilev

16-18 août : bataille et prise de Smolensk

18-25 août : présence française à Smolensk

19 août : victoire française à Valoutina

5-7 septembre : bataille de la Moskova, Borodino pour les Russes

14 septembre : entrée de Napoléon Ier à Moscou

15 septembre : début des incendies de Moscou

19 octobre : départ de Moscou

23 octobre : coup d'État manqué du général Malet à Paris

24 octobre : combats de Malojaroslawetz

28 octobre : Malet et ses complices sont fusillés

9 novembre : arrivée de Napoléon à Smolensk pour regrouper ses troupes ; la température chute à -25°C

12 novembre : les restes de la Grande Armée sont regroupés à Smolensk

16-19 novembre : combats de Krasnoïe ; l'arrière-garde de Ney a vaillamment résisté

26-29 novembre : passage de la Bérézina ; les Russes font plusieurs milliers de prisonniers

5 décembre : Napoléon Ier confie le commandement à Murat ; la température chute à -35°C

8 décembre : harcelée par les Cosaques, la Grande Armée quitte Vilna, laissant 200 000 prisonniers derrière elle

12 décembre : les survivants arrivent à Kowno, d'où ils sont chassés

12-13 décembre : 50 000 soldats de la Grande Armée franchissent le Niémen

18 décembre : arrivée de Napoléon Ier à Paris.

Chronologie de l'année 1812 vécue par le baron Jomini

29 janvier : Nomination de Jomini en tant que directeur de la section historique de l'état-major de Berthier

8 février : Jomini part pour Mayence et officie comme historiographe au quartier général de l'Empereur

24 février : Jomini est promu commandant du grand quartier général

9 mai : Napoléon Ier part de Saint-Cloud pour commander la Grande Armée ; Jomini intègre son état-major

24 juin : Napoléon Ier franchit le Niémen à Kowno ; le désordre régnant au sein de l'armée est tel que l'Empereur demande aux généraux Guilleminot et Jomini d'y remettre de l'ordre

28 juin : Napoléon Ier entre à Vilna ; Jomini demande à être nommé commandant de la place (surtout pour ne pas combattre le tsar qui l'avait promu général major)

2 juillet : à Vilna, Napoléon Ier dîne avec Jomini, Vibicki et Potocki, membres du gouvernement général de Lituanie. L'Empereur déclare qu'il s'arrêtera à la hauteur de la Dvina, pour reprendre sa marche au printemps ; Jomini approuve

7 juillet : Jomini est nommé directeur de la section historique de l'armée de Russie

Fin juillet : Altercations répétées entre Hogendorp, gouverneur général de la Lituanie et aide de camp de l'Empereur, et Jomini, gouverneur de Vilna

Vers le 10 août : Jomini est mis aux arrêts simples par Hogendorp

29 août : à la suite de heurts répétés, Napoléon Ier ordonne à Berthier de déplacer Jomini à Smolensk, qui en sera le nouveau gouverneur

9 novembre : l'état-major impérial atteint Smolensk ; Jomini doit céder son logement au major général Berthier

14 novembre : ayant quitté Smolensk, Jomini, attaqué par les Russes, se réfugie dans une église à Krasnoïe avec le général Sébastiani et ses soldats ; la vieille garde parvient à les évacuer

18 novembre : Jomini arrive à Orcha et cherche à ravitailler les soldats dans leur retraite

19 novembre : à Orcha, Napoléon Ier lit une note de Jomini qui lui conseille de suivre le chemin de Borisov à Molodeczeno plutôt que celui de Minsk

23 novembre : Napoléon Ier convoque Jomini à Bobr pour qu'il lui expose ses idées

24 novembre : Jomini est à Borisov ; il y retrouve les généraux Éblé et Aubry, ainsi que le maréchal Oudinot

26 novembre : Napoléon Ier, flanqué de Jomini, surveille la construction des ponts (un pour l'artillerie, l'autre pour l'infanterie)

26 au 29 novembre : la Grande Armée franchit la Bérézina ; Jomini, inconscient, est abandonné à Studianka par Éblé et ses pontonniers

28 novembre : Jomini, réveillé par les obus russes, tombe dans la Bérézina ; un sergent badois l'aide à remonter sur le tablier du pont

29 novembre : en milieu de matinée, Éblé donne l'ordre de brûler les ponts ; Jomini retrouve à Osmana le général Barbanègre, qui le conduit en calèche jusqu'à Vilna

8 décembre : Jomini est à Vilna ; il se fait régler ses honoraires

10-12 décembre : les soldats survivants de la Grande Armée franchissent le Niémen

Mi-décembre : Jomini arrive à Kowno

27 décembre : Berthier écrit à Clarke pour que Jomini se rende à Paris pour réorganiser l'armée.

Oui, je veux morebooks!

i want morebooks!

Buy your books fast and straightforward online - at one of world's fastest growing online book stores! Environmentally sound due to Print-on-Demand technologies.

Buy your books online at
www.get-morebooks.com

Achetez vos livres en ligne, vite et bien, sur l'une des librairies en ligne les plus performantes au monde!
En protégeant nos ressources et notre environnement grâce à l'impression à la demande.

La librairie en ligne pour acheter plus vite
www.morebooks.fr

VDM Verlagsservicegesellschaft mbH
Heinrich-Böcking-Str. 6-8   Telefon: +49 681 3720 174   info@vdm-vsg.de
D - 66121 Saarbrücken   Telefax: +49 681 3720 1749   www.vdm-vsg.de

www.ingramcontent.com/pod-product-compliance
Lightning Source LLC
Chambersburg PA
CBHW021835300426
44114CB00009BA/452